काशी के छप्पन विनायक एवं राजा दिवोदास की कहानी

संतोष कुमार सिंह

Made with ♥ on the Notion Press Platform
www.notionpress.com

समर्पण

यह पुस्तक भगवान श्री गणेश के सभी भक्तों को एवं सनातन धर्म के अनुयायियों को समर्पित है।

৩

क्रम-सूची

क्रम-सूची

क्रम-सूची

प्रार्थना

ॐ गं गणपतये नमो नमः

वक्रतुण्ड महाकाय सूर्यकोटि समप्रभ।
निर्विघ्नं कुरु मे देव सर्वकार्येषु सर्वदा॥

ॐ

गंगा तरंग रमणीय जटा कलापं
गौरी निरंतर विभूषित वाम भागं
नारायण प्रियमनंग मदापहारं
वाराणसी पुरपतिं भज विश्वनाथम् ॥

ॐ

लेखक के बारे में

संतोष कुमार सिंह, जन्म: 15 जून 1964 को सांस्कृतिक धरोहर से परिपूर्ण वाराणसी शहर में जन्मे हैं। उनके पिता का नाम श्री शमशेर बहादुर सिंह है।

शिक्षा और पेशेवर अनुभव:

मौलिक शिक्षा की अच्छी बुनियाद के साथ, संतोष एम ए, बी एड, और बी पी एड में डिग्री हासिल की है। उनका पेशेवर सफर 1990 से 2020 तक भारतीय रेलवे में सेवा करने से शुरू हुआ। इन वर्षों के दौरान, उन्होंने विभिन्न क्षेत्रों में प्रमुख भूमिकाओं में काम किया है। उन्होंने विश्व वैदिक सनातन न्यास के राष्ट्रीय अध्यक्ष के रूप में भी भूमिका निभा रहे हैं , जो एक महत्वपूर्ण संगठन है जो वैदिक ज्ञान और सनातन धर्म को बढ़ावा देने के लिए समर्पित है। इसके अतिरिक्त, उन्होंने गरिमा सामाजिक साहित्य और सांस्कृतिक संगठन के संरक्षक और मुख्य कार्यकारी अधिकारी के रूप में महत्वपूर्ण भूमिका निभाई है, जिसमें भारतीय सांस्कृतिक विरासत को संरक्षित और प्रचारित करने का महत्व है।

साहित्यिक और कलात्मक पहलुओं:

संतोष कुमार सिंह न केवल एक सामाजिक कार्यकर्ता हैं बल्कि एक उत्कृष्ट लेखक, फिल्मनिर्माता और सांस्कृतिक पुनर्जीवन के पक्षपाती भी हैं। उनके साहित्यिक योगदान में "शब्द सुमन " , " जिंदगी की बाते " एवं "काव्य गरिमा" नामक पुस्तक का प्रकाशन शामिल है, जो 21 प्रमुख कवियों की पांच विशेष कविताओं का एक अद्वितीय संग्रह है। इसके अलावा, उन्होंने निरंतर सामाजिक मुद्दों और सांस्कृतिक विषयों पर फिल्मों की निर्माण की है, जो सामाजिक उत्तरदायित्व, जागरूकता और सांस्कृतिक गर्व को बढ़ावा देती हैं। उनके कलात्मक प्रयासों से उन्हें समकालीन भारतीय सिनेमा के सोचने के नेतृत्व में पहचान मिली है।

दृष्टिकोण और आदर्श:

संतोष के प्रयासों के मध्य में उनका जीवन मंत्र है, "धर्मो रक्षति रक्षितः," जिसका मतलब है कि धर्म की रक्षा करने वाले को धर्म ही संरक्षित करता है। उनका जीवन

संकल्प है कि भारत के सनातन राष्ट्र बनाने और सनातन को पुनः प्रतिष्ठित करने में उनका योगदान हो। अप्रत्याशित प्रयासों और पहलों के माध्यम से, उन्हें सामाजिक उत्तरदायित्व, जागरूकता, और सांस्कृतिक गर्व के अंदर नागरिकों के दिलों और मस्तिष्कों में अडिग चिन्ह छोड़ने में सफलता मिली है।

सारांश में, संतोष कुमार सिंह एक आशा की प्रकाश और प्रेरक के रूप में प्रकट होते हैं, जो वास्तव में एक सच्चे सांस्कृतिक दूत और सामाजिक सुधारक हैं, जो समाज के उत्थान और भारतीय धरोहर के संरक्षण के लिए समर्पित हैं।

प्रस्तावना

हमें बड़ा गर्व है कि हमें इस धरती पर, खासकर महादेव के नगर, पवित्र काशी में जन्म लेने का सौभाग्य मिला। महादेव की अनुकंपा से, हमें जीवन में कभी किसी चीज की कमी महसूस नहीं हुई। जैसे ही हम पचास वर्ष की आयु को छूने लगे, हमारे मन में काशी के प्रति और हमारे सनातन धर्म के मूल्यों को पुनः स्थापित करने की इच्छा जागृत हुई, और इसी भावना के साथ हमने विश्व वैदिक सनातन न्यास की नींव रखी।

हमने यह भी निश्चय किया कि ज्ञानवापी मस्जिद, जो पहले काशी विश्वनाथ मंदिर था, उसे वापस हिंदुओं को सौंपने के लिए कानूनी संघर्ष भी करेंगे। इसी बीच, काशी के विषय पर कुछ विद्वानों से चर्चा हुई, जिसमें काशी के 56 विनायकों के बारे में जानकारी मिली, जो कि काशी के पौराणिक इतिहास का एक महत्वपूर्ण भाग है। फिर हमने इस विषय पर गहन अनुसंधान शुरू किया।

काशी के इन 56 विनायकों की प्रतिष्ठा के बारे में अधिक जानने की जिज्ञासा में, हमें पता चला कि इनमें से अधिकांश विनायक की मूर्तियाँ क्षतिग्रस्त हो चुकी हैं, कुछ को स्थानांतरित किया गया है, और कुछ का तो अब कोई अता-पता ही नहीं है।

इस दुर्दशा को जानकर हमारा मन बहुत दुखी हुआ, और हमने इन्हें पुनः प्रतिष्ठापित करने का संकल्प लिया।

काशी में 56 विनायकों की स्थापना की कहानी को जानने के लिए हमने स्कंदपुराण सहित कई पौराणिक ग्रंथों का अध्ययन किया। इस अध्ययन में हमें राजा दिवोदास की कहानी सबसे अधिक आश्चर्यजनक लगी। इस खोज और अनुसंधान के दौरान, हमें एक चौंकाने वाली जानकारी मिली जिसने हमें गहराई से प्रभावित किया। लंदन की एक छात्रा, इसाबेल्ले बर्मीजन, ने 1995 से 1999 के बीच काशी में रहते हुए, काशी के 56 विनायकों पर अपनी पीएचडी का शोध कार्य संपन्न किया। उनके पीएचडी थीसिस से हमें कई महत्वपूर्ण और गहराई से जानकारियां प्राप्त हुईं, जो हमारे लिए नई और ज्ञानवर्धक थीं। इस अनुसंधान के दौरान, हमने निर्णय लिया कि हम हिन्दी और अंग्रेजी में एक पुस्तक लिखेंगे

जिसमें राजा दिवोदास और काशी के 56 विनायकों के बारे में जानकारी होगी।

क्षतिग्रस्त और नष्ट हो चुके अधिकांश विनायकों को पुनर्जीवित करने का संकल्प लेते हुए, हमने सोचा कि सभी 56 विनायकों की पेंटिंग्स सनातन धर्म से जुड़े किसी कलाकार से बनवाएं। इस महत्वपूर्ण कार्य के लिए, हमने शहर की एक अंतर्राष्ट्रीय कलाकार, डॉ. नेहा सिंह को चुना, जिन्होंने भगवद् गीता पर सबसे बड़ी पेंटिंग बनाकर गिनीज वर्ल्ड रिकॉर्ड्स में अपना नाम दर्ज कराया था। उन्होंने इस उत्कृष्ट कार्य को करीब एक साल के समय में पूरा किया।

इन सभी कार्यों को पूरा करने के बाद, हम इस अद्भुत पौराणिकता को जीवंत करने के लिए आगे बढ़ रहे हैं।

मैं अपनी इस पुस्तक को विश्व भर में सनातन धर्म के अनुयायियों और प्रेमियों के समक्ष विनम्रतापूर्वक समर्पित करता हूँ।

आमुख

राजा दिवोदास की संक्षिप्त परिचय

दिवोदास एक महान पौराणिक पात्र हैं, जिन्हें काशी के राजा के रूप में जाना जाता है। उनका मूल नाम रिपुञ्जय था। उन्होंने अपने तपोबल से ब्रह्मा जी को प्रसन्न किया और इसके फलस्वरूप उन्हें 'दिवोदास' नाम मिला। उन्होंने काशी से सभी देवताओं को निष्कासित कर दिया और सभी कार्यों को स्वयं संभाला। वह एक बहुत ही कुशल और कर्तव्यपरायण राजा के रूप में विख्यात हुए।

दिवोदास का जन्म राजर्षि मनु के वंश में हुआ था। उन्होंने अपनी तपस्या से ब्रह्मा जी को प्रसन्न किया, जिसके बाद ब्रह्मा जी ने उन्हें दिव्य शक्तियों के साथ पृथ्वी का पालन करने का आशीर्वाद दिया। ब्रह्मा जी ने उन्हें नागराज वासुकि की पुत्री अनङ्गमोहिनी को पत्नी के रूप में देने की बात कही और यह भी कहा कि देवता उनके राज्य को समर्थन देंगे। इसके बाद रिपुञ्जय ने ब्रह्मा जी से अनुरोध किया कि देवता स्वर्ग में रहें और पृथ्वी पर न आएं, ताकि मनुष्य बिना किसी बाधा के सुखी रह सकें। ब्रह्मा जी ने उनकी इस प्रार्थना को स्वीकार कर लिया। इसके बाद राजा दिवोदास ने अपने राज्य में घोषणा की कि देवता और नाग स्वर्ग में रहेंगे और मनुष्य पृथ्वी पर स्वस्थ और सुखी रहेंगे।

दिवोदास के शासनकाल में काशी उनकी राजधानी थी। जब उन्होंने काशी से सभी देवताओं को बहिष्कृत कर दिया, तब ब्रह्मा जी ने भगवान शिव को मन्दराचल पर्वत पर जाने की सलाह दी। शिवजी ने मन्दराचल पर्वत पर तपस्या की और ब्रह्मा जी के वचनों के अनुसार, वहाँ निवास करने लगे। शिवजी के जाने के बाद, सभी देवता भी मन्दराचल पर्वत पर चले गए। भगवान विष्णु भी भूमंडल के वैष्णव तीर्थों का परित्याग करके मन्दराचल पर्वत पर चले गए।

राजा दिवोदास ने काशी में अपनी सुदृढ़ राजधानी स्थापित की और धर्मपूर्वक प्रजा का पालन किया। उनके राज्य में नागलोग भी अपराध नहीं करते थे। दानव भी मानव की आकृति धारण करके उनकी सेवा करते थे। गुह्यक लोग राजा के गुप्तचर बनकर मनुष्यों में रहते थे। राजा दिवोदास के सभाभवन में बैठे विद्वानों और मंत्रियों को शास्त्रों में किसी ने पराजित नहीं किया और उनके योद्धाओं को

रणांगण में किसी ने अस्त्र-शस्त्रों से पराजित नहीं किया। उनका राज्य एक आदर्श राज्य माना जाता था।

देवताओं ने दिवोदास का दोष ढूँढ़ने के लिए कई प्रयत्न किए परंतु वे सफल नहीं हुए। इसके बाद, महादेव जी ने चौसठ योगिनियों को काशी भेजा ताकि वे राजा का दोष ढूँढ़ सकें। लेकिन योगिनियाँ भी दिवोदास में कोई दोष नहीं ढूँढ़ पाईं। उन्होंने काशी में विभिन्न रूपों में रहकर लगातार प्रयास किया, परंतु राजा के आचरण में कोई दोष नहीं पाया। उनके द्वारा किए गए प्रयासों में भी कोई सफलता नहीं मिली, और वे अंततः राजा के आदर्श शासन और नीति के प्रति सम्मान व्यक्त करते हुए वापस लौट गईं। इस प्रकार राजा दिवोदास की प्रजा के प्रति निष्ठा और उनके धर्मपरायण शासन की प्रतिष्ठा और भी दृढ़ हो गई। उनके राज्य में धर्म, न्याय और सुख-शांति का वातावरण बना रहा। यह दिवोदास की निष्कलंक और आदर्श राजनीति का प्रमाण था।

भगवान शिव का काशी से विशेष लगाव था, इसलिए जब सूर्यदेव भी वापस नहीं आए, तो शिवजी ने ब्रह्मा जी को काशी भेजा। ब्रह्मा जी ने वृद्ध ब्राह्मण का वेश धारण किया और राजा दिवोदास से मिले। उन्होंने काशी में यज्ञ करने की इच्छा जताई, जिसे राजा ने पूरा किया। इस यज्ञ के स्थान को बाद में 'दशाश्वमेध' के नाम से जाना गया। लेकिन ब्रह्मा जी भी राजा दिवोदास में कोई दोष न पाकर वापस नहीं लौटे। इसके बाद गणेश जी मंदराचल से काशी आए और बूढ़े ब्राह्मण का रूप धारण करके ज्योतिषी बन गए। उन्होंने अपनी दिव्यदृष्टि से सभी को प्रभावित किया और राजा तक पहुँचे।

राजा ने गणेश जी से अपने कल्याण का मार्ग पूछा, जिस पर उन्होंने बताया कि अठारहवें दिन उत्तर दिशा से एक ब्राह्मण उपदेश देने आएगा। गणेश जी भी राजा में कोई दोष न पाकर वापस नहीं लौटे। इसके बाद भगवान विष्णु को काशी जाने के लिए भेजा गया। विष्णु ने गरुड़ के साथ वहां पहुंच कर अपना नाम पुण्यकीर्ति और गरुड़ का नाम विनयकीर्ति रखा। वे धर्मक्षेत्र (सारनाथ) में निवास करने लगे। अठारहवें दिन वे राजा के पास पहुंचे, जहां राजा ने स्वयं अपने तपोबल के अभिमान की बात स्वीकार की।

भगवान विष्णु ने उनकी प्रशंसा की और कहा कि उनका महान दोष यह है कि

उन्होंने भगवान विश्वनाथ को काशी से दूर किया है। उन्होंने राजा को शिवलिंग की स्थापना करने का सुझाव दिया। राजा दिवोदास ने इसे स्वीकार किया, अपने पुत्र समरञ्जय को राज्याभिषेक किया और गंगा के पश्चिम तट पर एक विशाल मंदिर का निर्माण करवाकर शिवलिंग की स्थापना की। इसके बाद वे शिवधाम को प्राप्त हुए। इस प्रकार भगवान शिव का काशी से पुनः संयोग हुआ और यह स्थान 'भूपालश्री' के नाम से प्रसिद्ध हुआ। स्कन्दपुराण के काशीखण्ड में दिवोदास की इस कथा को सभी पातकों का नाश करने वाली माना गया है।

राजा रिपुंजय (दिवोदास)

काशी के छप्पन विनायक एवं राजा दिवोदास की कहानी - विस्तार से

राजा रिपुंजय, जिन्हें बाद में दिवोदास के नाम से जाना गया, ने अपनी तपस्या से प्रजापति ब्रह्माजी को प्रसन्न किया। ब्रह्माजी ने उन्हें पृथ्वी के पालनहार के रूप में चुना और उन्हें अपार दिव्य शक्तियाँ तथा नागराज वसुकि की कन्या अनंग मोहिनी को पत्नी के रूप में देने का वरदान दिया। देवताओं ने भी राजा के प्रजापालन से संतुष्ट होकर उन्हें स्वर्गीय रत्न और पुष्प प्रदान किए। ब्रह्माजी के इस आशीर्वाद के अनुसार, उन्होंने रिपुंजय से दिवोदास का नाम धारण किया।

राजा रिपुंजय ने ब्रह्माजी की इस आज्ञा को विनम्रता से स्वीकार किया और उनकी अनेक प्रकार से स्तुति की। उन्होंने पितामह से पूछा कि इतने महान् और शक्तिशाली अन्य अनेक राजाओं के होने के बावजूद उन्हें ही यह आज्ञा क्यों दी जा रही है। इस पर ब्रह्माजी ने उत्तर दिया कि यदि धर्मात्मा राजा जैसे कि वे राज करेंगे, तो इंद्रदेव पृथ्वी पर वर्षा करेंगे, जबकि पापनिष्ठ राजा के शासन में देव वर्षा नहीं करेंगे।

राजा रिपुंजय ने ब्रह्माजी से विनती की कि उनके शासनकाल में प्रजा को सुख और स्वस्थ रहने की आवश्यकता है। इस पर ब्रह्माजी ने 'तथास्तु' कहकर उनकी प्रार्थना स्वीकार की। इसके बाद राजा दिवोदास ने राज्य में घोषणा करवाई कि देवतालोग स्वर्ग में रहेंगे और नागगण भी यहाँ नहीं आएंगे, ताकि मनुष्य स्वस्थ और सुखी रहें। उन्होंने यह भी घोषित किया कि उनके राज्य-शासनकाल में देवता स्वर्ग में और मनुष्य पृथ्वी पर सुखी और स्वस्थ रहेंगे। इस प्रकार राजा दिवोदास ने अपनी प्रजा के लिए एक आदर्श और सुखी राज्य की नींव रखी।

महाराज दिवोदास के धर्मपूर्ण राज्य का वर्णन बहुत ही प्रेरणादायक और आदर्श है। अगस्त्य जी ने भगवान शंकर से यह पूछा कि उन्होंने राजा दिवोदास से किस प्रकार काशीपुरी का परित्याग करवाया। कार्तिकेय जी ने बताया कि गिरिराज मन्दर की तपस्या से संतुष्ट होकर भगवान शिव ब्रह्माजी के वचनों के आधार पर मन्दराचल को चले गए थे। भगवान शिव के जाने के बाद सभी देवता भी वहीं मन्दराचल पर चले गए। भगवान विष्णु ने भी भूमंडल के वैष्णव तीर्थों का परित्याग करके मन्दराचल पर चले गए, जहाँ देवाधिदेव उमानाथ भगवान शिव

विराजमान थे।

पृथ्वी से देवताओं के चले जाने के बाद, राजा दिवोदास ने निर्द्वन्द्व राज्य किया। उन्होंने एक धर्मपूर्ण और न्यायप्रिय शासन व्यवस्था स्थापित की, जिसमें प्रजा की भलाई और सुख-शांति को सर्वोच्च प्राथमिकता दी गई थी। उनके शासनकाल में प्रजा सुखी और समृद्ध थी, और उनकी प्रजा में आपसी भाईचारा और सद्भावना कायम थी। उनके राज्य में धर्म का पालन होता था, और न्याय के लिए सदा सजग रहते थे। इस प्रकार, राजा दिवोदास का शासन धर्म, न्याय और जनकल्याण की एक आदर्श मिसाल थी।

महाराज दिवोदास, जिन्हें पहले राजा रिपुंजय के नाम से जाना जाता था, ने काशीपुरी में एक सुदृढ़ और समृद्ध राजधानी की स्थापना की। उनका शासन धर्मपूर्वक और प्रजापालक था, जिसमें उन्होंने प्रजा को उन्नति के पथ पर अग्रसर किया। उनकी शक्ति हाथियों से भी अधिक मानी जाती थी, और उनके राज्य में नागलोक के निवासी भी कभी कोई अपराध नहीं करते थे। दानव भी मानव की आकृति धारण कर उनकी सेवा में लगे रहते थे, और गुह्यक लोग उनके राज्य में गुप्तचर के रूप में कार्य करते थे।

महाराज दिवोदास के सभाभवन में बैठे विद्वान और मंत्री इतने कुशल थे कि उन्हें कभी भी शास्त्रार्थ में पराजित नहीं किया जा सका। इसी प्रकार, उनके योद्धा रणक्षेत्र में अजेय थे और कभी भी अस्त्र-शस्त्रों द्वारा परास्त नहीं किए गए। उनके राज्य में कोई भी ऐसा व्यक्ति नहीं था जो अपने पद से भ्रष्ट हुआ हो या दूसरों के द्वेष का भाजन बना हो। प्रत्येक व्यक्ति अपने-अपने स्थान पर स्थिर और सुखी था।

उनके राज्य में सभी गाँव भय और चिंता से मुक्त थे। प्रत्येक गाँव में राज्य के कर्मचारी उपस्थित रहते थे, जो उनकी सुरक्षा और कल्याण का ध्यान रखते थे। इस प्रकार, उनकी प्रजा कुबेर के समान धनी और दानशील थी।

महाराज दिवोदास ने काशी में अपने शासनकाल के दौरान अस्सी हजार वर्षों का समय एक दिन के समान बिताया। वे अपनी प्रजा का पालन अपने औरस पुत्रों की

भाँति करते रहे, और उनके द्वारा कभी भी थोड़े से भी अधर्म का संग्रह नहीं हुआ। उनका शासन न्याय, धर्म, और प्रजाकल्याण पर आधारित था, जिसने काशीपुरी को एक आदर्श और समृद्ध नगरी बना दिया।

राजा दिवोदास राजनीति के छह गुणों के जानकार थे और उनका चित्त अपनी त्रिविध शक्तियों से सदैव उत्साहित रहता था। वे नीतिनिपुण और उपायों का गहरा ज्ञान रखते थे, इसलिए उनके दोष या छिद्रों को खोज पाना देवताओं के लिए भी संभव नहीं था। उनके राज्य में सभी पुरुष एकपत्नीव्रती थे और सभी स्त्रियाँ पतिव्रता थीं। प्रत्येक ब्राह्मण ने वेद-शास्त्रों का अध्ययन किया था, हर क्षत्रिय शूरवीर था, प्रत्येक वैश्य अर्थोपार्जन में कुशल था, और शूद्र द्विजातियों की सेवा में लगे रहते थे।

उनके राज्य में ब्रह्मचारी, गुरुकुल में रहकर वेदविद्या का अध्ययन करते थे और गृहस्थ लोग अतिथि सत्कार और धर्मशास्त्रों के ज्ञान में कुशल थे। वानप्रस्थी जंगल में रहकर वैदिक मार्ग का अनुसरण करते थे। संन्यासी जीवनमुक्त, संग्रहशून्य और निःस्पृह थे। अनुलोम और विलोम कर्म से उत्पन्न मनुष्यों ने भी अपनी पारंपरिक धर्म मार्ग का पालन किया।

राजा दिवोदास के राज्य में कोई भी संतानहीन, निर्धन, वृद्धों की सेवा न करने वाला या अकाल मृत्यु से मरने वाला नहीं था। वहां चंचल, वाचाल, वंचक, हिंसक, पाखंडी, भाँड, रँडुवे, और मदिरा बेचने वाले भी नहीं थे। सभी जगह शास्त्र चर्चा और मंत्रों का घोष सुनाई देता था। सभी लोग अपने बड़े भाई, स्वामी और पतियों का सम्मान करते थे। काशीपुरी में रहने वाले सभी लोग देवताओं की सेवा-पूजा में लगे रहते थे और विद्वान लोग अपनी मनोवांछित वस्तु पाकर सम्मानित होते थे।

दिवोदास के राज्य में बावलियाँ, कुएँ, पोखरे, और बगीचे बनाने वाले धर्मात्मा पुरुष बहुतायत में थे। वहाँ सब जाति के लोग उत्कृष्ट सेवा कार्य से सम्पन्न और प्रसन्न थे। देवताओं ने उनके राज्य में कोई भी छिद्र या दोष नहीं ढूँढ़ सके। इस प्रकार राजा दिवोदास का राज्य एक आदर्श, धर्मपूर्ण, और सुखमय समाज का उदाहरण था।

स्कन्दजी के अनुसार, इंद्र और अन्य देवताओं ने राजा दिवोदास के राज्य शासन को असफल बनाने के लिए कई प्रकार के विघ्न उपस्थित किए। हालांकि, धर्मात्मा

राजा दिवोदास ने अपने तपोबल से इन सभी विघ्नों पर विजय प्राप्त की। इसके बाद, महादेवजी ने काशी में राजा दिवोदास के छिद्र (दोष) को देखने के लिए 64 योगिनियों को भेजा। इन योगिनियों ने काशी में एक वर्ष तक निरंतर प्रयास करने के बावजूद राजा में कोई दोष नहीं पाया और उन पर कोई प्रभाव भी नहीं डाल सकीं।

जब योगिनियां वापस नहीं लौटीं, तो भगवान शिव ने सूर्यदेव को काशीपुरी भेजा। उन्होंने सूर्यदेव को आदेश दिया कि वे काशीपुरी में जाकर राजा दिवोदास के धर्मविरोधी कार्यों को उजागर करें, लेकिन राजा का अनादर न करें क्योंकि धर्ममार्ग में लगे सत्पुरुष का अपमान अपने ऊपर पड़ता है और महापाप का कारण बनता है। सूर्यदेव को यह भी आदेश दिया गया कि यदि राजा धर्म से च्युत हो जाएं, तो अपनी किरणों से काशी को उजाड़ देना चाहिए।

सूर्यदेव ने काशीपुरी में अनेक रूप धारण करके विभिन्न प्रकार की चेष्टाएं की। वे कभी अतिथि, याचक, दानी, दीन, ज्योतिषी, ब्राह्मण, ब्रह्मज्ञानी, वेदाभ्यासी, क्षत्रिय, वैश्य, अन्त्यज, ब्रह्मचारी, गृहस्थ, वानप्रस्थ, संन्यासी आदि अनेक रूपों में दिखाई दिए। उन्होंने कई तरह के दृष्टांत और कथानकों के माध्यम से विभिन्न प्रकार के व्रतों का उपदेश करके लोगों को भ्रमित करने की कोशिश की, लेकिन राजा दिवोदास के राज्य में उन्हें कोई दुर्लभ वस्तु नहीं मिली और न ही उन्होंने किसी में कोई छिद्र पाया। इस प्रकार, सूर्यदेव भी राजा दिवोदास के राज्य में कोई दोष नहीं पाकर, अपने प्रयास में असफल रहे।

इस प्रकार स्कन्दजी ने अगस्त्य को बताया कि धर्मात्मा राजा दिवोदास ने काशीपुरी में अपने तपोबल से देवताओं द्वारा उपस्थित किए गए विघ्नों पर विजय प्राप्त की। यह बताता है कि जिसने अपने इस क्षणभंगुर शरीर के रहते हुए धर्म की रक्षा की है, उसने वास्तव में तीनों लोकों की रक्षा की है। काशीपुरी एक दुर्लभ और पवित्र स्थल है, जिसका महत्व संसार के अन्य सभी धन, संपत्ति और भौतिक वस्तुओं से कहीं अधिक है। जब तक काशीपुरी में रहने वालों का पुण्यमय तेज प्रकाशित नहीं होता, तब तक अन्य तेज सामान्य रहते हैं।

भगवान सूर्यदेव ने अपने बारह स्वरूपों में व्यक्त होकर काशीपुरी में निवास किया। इन स्वरूपों में पहले लोलार्क, दूसरे उत्तरार्क, तीसरे साम्बादित्य, चौथे द्रौपदादित्य, पाँचवें मयूखादित्य, छठे खखोल्कादित्य, सातवें अरुणादित्य, आठवें वृद्धादित्य,

नवें केशवादित्य, दसवें विमलादित्य, ग्यारहवें गंगादित्य और बारहवें यमादित्य शामिल हैं। ये सभी काशीपुरी में स्थित हैं और इस क्षेत्र की रक्षा करते हैं। लोलार्क अर्थात् भगवान सूर्य का मन काशी के दर्शन के लिए चंचल हो गया था, इसलिए काशी में उनकी लोलार्क नाम से ख्याति हुई। दक्षिण दिशा में असीसंगम के समीप लोलार्क की स्थिति है, जो काशीवासियों के योग-क्षेम की सिद्धि करते हैं। मार्गशीर्ष मास की सप्तमी या षष्ठी तिथि को रविवार का योग होने पर वहाँ की वार्षिक यात्रा करने वाले मनुष्य समस्त पापों से मुक्त होते हैं। असीसंगम में स्नान करके देवताओं और पितरों का तर्पण और विधिपूर्वक श्राद्ध करने वाले मनुष्य पितरों के ऋण से मुक्त होते हैं। लोलार्क का दर्शन करने और उनका चरणामृत लेने से दुःख, खुजली, दाद, फोड़े-फुंसी का कष्ट नहीं होता है। लोलार्क के माहात्म्य को सुनने वाला मनुष्य इस संसार में कहीं भी दुःखी नहीं होता है।

स्कन्दजी अगस्त्य मुनि को बताते हैं कि जब सूर्यदेव, जिन्हें अंशुमाली कहा जाता है, काशीपुरी चले गए तो मन्दराचल पर्वत पर विराजमान भगवान शिव ने विचार किया कि योगिनियां और सूर्यदेव अभी तक वापस नहीं लौटे हैं। उन्होंने सोचा कि काशी का समाचार जानने के लिए ब्रह्माजी ही समर्थ हैं। इसलिए उन्होंने ब्रह्माजी को काशीपुरी भेजा।

ब्रह्माजी काशीपुरी पहुंचकर वृद्ध ब्राह्मण का रूप धारण करके राजा दिवोदास से मिले और उनके सत्कार किए। ब्रह्माजी ने राजा दिवोदास के गुणों की प्रशंसा की और कहा कि वे एक धर्मानुरागी राजा हैं जिनके गुण अन्य राजाओं में दुर्लभ हैं। ब्रह्माजी ने राजा दिवोदास के यज्ञ में सहायता करने का आग्रह किया।

राजा दिवोदास ने ब्रह्माजी की सहायता करने का वचन दिया और कहा कि उनका राज्य परोपकार के लिए ही है। ब्रह्माजी ने काशी में दस अश्वमेध यज्ञ किया, जिससे दशाश्वमेध नामक तीर्थ प्रकट हुआ। इस तीर्थ में स्नान, दान, जप, होम, स्वाध्याय, देवपूजा, सन्ध्योपासन, तर्पण, श्राद्ध और पितरों की पूजा आदि सभी सत्कर्म अक्षय और सफल होते हैं। जो व्यक्ति दशाश्वमेध तीर्थ में स्नान करके दशाश्वमेधेश्वर लिंग का दर्शन करता है, वह सभी पापों से मुक्त होता है।

राजा दिवोदास के यज्ञ पूर्ण करने पर ब्रह्माजी ने वहां एक ब्रह्मशाला बनवाई और वहां निवास किया। इस प्रकार, ब्रह्माजी भी काशीपुरी में रहने लगे। इस तरह

स्कन्दजी ने काशी की महिमा और राजा दिवोदास के धर्मानुराग का वर्णन किया।

स्कन्दजी अगस्त्य मुनि को बताते हैं कि भगवान शिव की आज्ञा लेकर उनके काशी में आने के उपाय का विचार करते हुए गणेशजी मन्दराचल पर्वत से चले और वे काशीपुरी में ब्राह्मण का स्वरूप धारण करके पहुंचे। वहां उन्होंने बूढ़े ज्योतिषी का रूप धारण किया और प्रत्येक घर में जाकर लोगों को प्रसन्न किया। उन्होंने रनिवास में प्रवेश करके अपनी दिव्य दृष्टि से वस्तुएं बताकर स्त्रियों का विश्वास जीता।

महाराज दिवोदास की रानी लीलावती ने राजा को ब्राह्मण के बारे में बताया और उन्हें उससे मिलने की सलाह दी। राजा ने ब्राह्मण को बुलाकर उनका यथावत सत्कार किया। बाद में राजा ने ब्राह्मण से अपने भविष्य के बारे में पूछा, जिसपर ब्राह्मण ने उन्हें बताया कि अठारहवें दिन एक उत्तर दिशा का ब्राह्मण आकर उन्हें उपदेश देगा। गणेशजी ने इस प्रकार समस्त काशीपुरी को अपने वश में कर लिया।

गणेशजी ने जब राजा दिवोदास के काशी के राजा बनने से पहले जो उनके स्थान थे, उन्हें अनेक रूप धारण करके पुनः सुशोभित किया। इसके बाद उनकी स्तुति की जाती है जिसमें वे विघ्नविजयी, सर्वगणाधिपति, दिव्यमूर्ति, वेदवाणी के विनायक और अनेक सद्गुणों से विभूषित बताए जाते हैं। गणेशजी के कृपाकटाक्ष से सभी पापों का नाश होता है और उनकी स्तुति करने वाले प्रसिद्ध और समृद्ध होते हैं। गणेशजी की वंदना करने वाले पुरुषों को स्वर्ग और मोक्ष प्राप्त होता है। वे जिन्हें देखते हैं, उनके पाप नष्ट हो जाते हैं और वे मनुष्य काशी में प्रवेश पा सकते हैं।

स्कन्दजी आगे बताते हैं कि जब गणेशजी भी काशी में देरी करने लगे, तब भगवान शिव ने श्री विष्णुजी से आग्रह किया कि वे काशी जाएँ और उनसे अनुरोध किया कि वे वैसा न करें जैसा पहले भेजे गए लोगों ने किया था। भगवान विष्णु ने कहा कि जो कुछ भी मनुष्य करता है, वह भगवान शिव के चरणारविंदों के चिंतन से ही सिद्ध होता है। फिर वे भगवान शिव की परिक्रमा करके लक्ष्मीजी के साथ मन्दराचल से प्रस्थान करते हैं और काशी पहुंचते हैं।

काशी में भगवान विष्णु ने गंगा और वरुणा नदी के संगम में स्नान किया, जिससे उस तीर्थ का नाम 'पादोदक' तीर्थ पड़ा। इस तीर्थ में स्नान करने से सात जन्मों

के पाप नष्ट होते हैं। भगवान विष्णु ने वहां अपने हाथों से अपनी प्रस्तरमय मूर्ति बनाई और उसका पूजन किया। इस मूर्ति का पूजन करने वाले वैकुण्ठ धाम को प्राप्त होते हैं और वह स्थान 'श्वेतद्वीप' कहलाता है। इसके बाद, भगवान विष्णु ने 'धर्मक्षेत्र' (धर्मचक्र स्थान- सारनाथ) में अपना निवास स्थापित किया। वहां उन्होंने पुण्यकीर्ति नाम धारण किया और गरुड़ ने विनयकीर्ति नाम धारण किया। भगवान विष्णु ने गरुड़ को धर्म का उपदेश दिया।

इस प्रकार, भगवान शिव के निर्देशानुसार गणेशजी और भगवान विष्णु ने काशी की यात्रा की और वहां अपने-अपने कार्य को सिद्ध किया।

पुण्यकीर्ति, जो भगवान विष्णु का रूप थे, राजा दिवोदास को धर्म के विषय में उपदेश देते हैं। उन्होंने बताया कि नाना प्रकार के शास्त्रों का विचार करके महर्षियों ने चार प्रकार के दानों का उपदेश दिया है: भयभीत पुरुषों को अभयदान, रोगियों को औषधदान, विद्यार्थियों को विद्यादान, और भूख से व्याकुल मनुष्यों को अन्नदान। पुण्यकीर्ति ने यह भी बताया कि मोक्ष तब होता है जब विज्ञान की उपरति होती है, यानी अविद्या की निवृत्ति। उन्होंने कहा कि वेदों में यह प्रमाणित है कि किसी भी प्राणी की हिंसा नहीं करनी चाहिए।

उपदेश के बाद, राजा दिवोदास ने शिवलिंग की स्थापना की और अपने राज्य के लोगों को विदाई दी। राजा ने अपने पुत्र समरंजय को राजा बनाया और शिवलिंग के पास एक मंदिर का निर्माण किया। यह जगह 'भूपालश्री' के नाम से प्रसिद्ध हुई। उसके बाद, राजा दिवोदास को एक दिव्य विमान द्वारा शितधाम ले जाया गया। इस कथा का पाठ करने वालों को माना जाता है कि वे गर्भ में पुनः नहीं आते और उन्हें सभी मनोरथों की पूर्ति होती है। इस प्रकार, राजा दिवोदास ने अपने धर्म और कर्तव्यों का पालन करते हुए अंततः मोक्ष की प्राप्ति की।

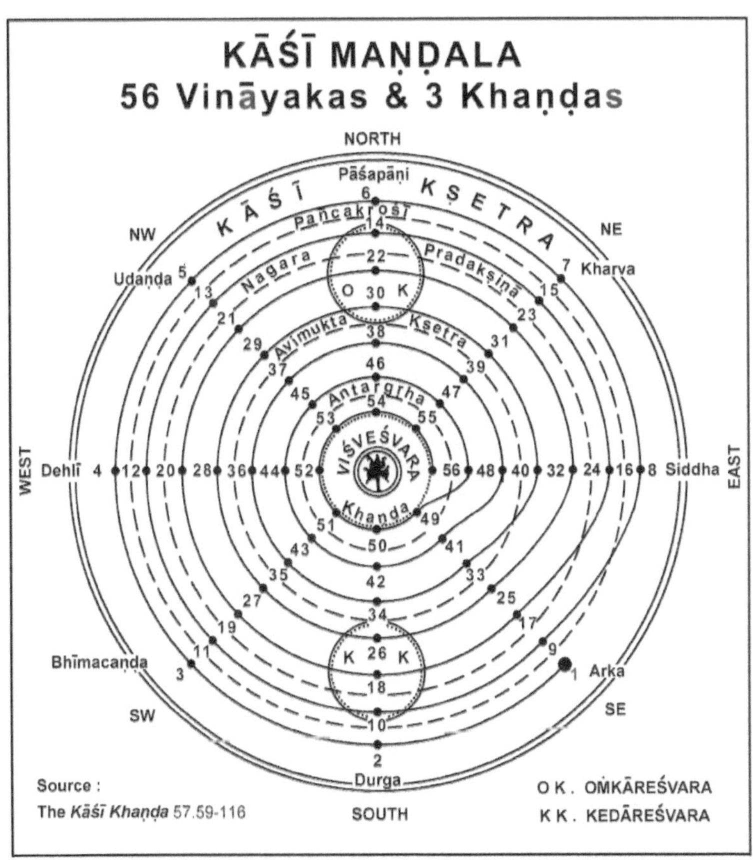

प्राचीन वाराणसी शहर को एक खास तरह के डिजाइन में बनाया गया है, जैसे एक दिव्य चित्र या मंडला। शिव जी इस पवित्र घेरे के बीच में रहते हैं, जो विश्वनाथ मंदिर में स्थापित है और दिव्य रक्षकों की समकेंद्रित आवरणों द्वारा सुरक्षित है। काशी को सुरक्षित रखने के लिए छप्पन विनायक हर आठ दिशाओं में सात-सात रूप धारण कर काशी की रक्षा करते रहते हैं।

अस्वीकरण

इस पुस्तक में व्यक्त किए गए विचार पूरी तरह से लेखक के अपने हैं और किसी भी संगठन या व्यक्ति की राय को प्रतिबिंबित नहीं करते। लेखक भारतीय संविधान के अनुच्छेद 19(1)(अ) द्वारा गारंटीकृत वक्तव्य और अभिव्यक्ति की स्वतंत्रता का सम्मान करता है।

पहले आवरण का आठ विनायक

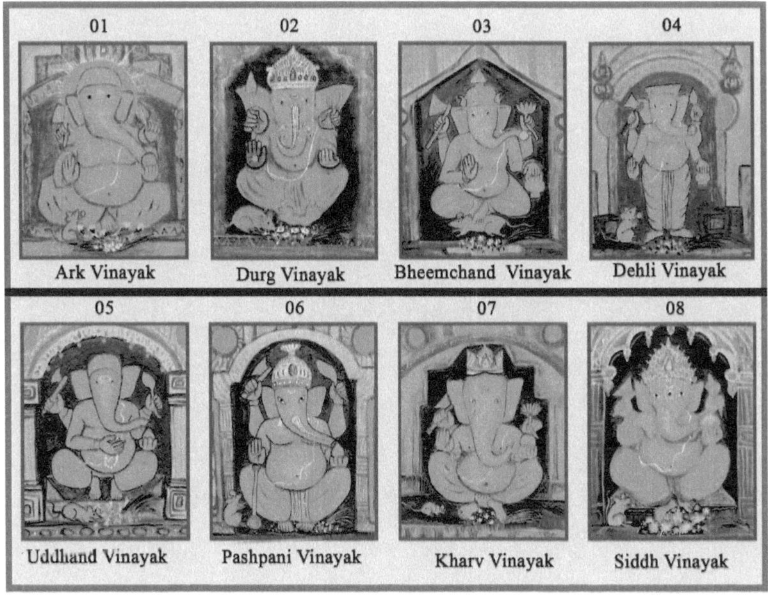

1

श्री अर्क विनायक

अर्क विनायक (1-1), जिसे 'सूर्य विनायक' भी कहा जाता है, काशी के लोलार्क कुंड के पीछे, B 2/17 घर के सामने स्थित है। काशी खंड के अनुसार, यह विनायक गंगा और अस्सी के संगम पर काशी में स्थित है और माना जाता है कि रविवार को इसका दर्शन करने से सभी संकटों का निवारण होता है। लोलार्क कुंड में रविवार को सूर्य की पूजा के साथ अर्क विनायक की भूमिका भी जुड़ी हुई है। इसे त्रिस्थलिसेतु, तीर्थप्रकाश और मेरुतंत्र में भी उल्लेखित किया गया है।

इस मंदिर की मुख्य प्रतिमा लगभग डेढ़ मीटर ऊंची है और उसके पास ही गणेश की एक और प्रतिमा है। यह मंदिर अठारहवीं शताब्दी में बना था। प्रतिमा की सूंड थोड़ी बाएं की ओर मोड़ी गई है और एक दाँत दिखाई देता है। प्रतिमा चार बाहुओं वाली है, जिसमें ऊपरी दाया हाथ घुटने पर आराम कर रहा है और संभवतः एक माला पकड़े हुए है, जबकि ऊपरी बायाँ हाथ एक कमल का फूल पकड़े हुए है।

इतिहास के अनुसार, अर्क विनायक उन विनायकों में से एक है, जिसकी प्रतिष्ठा की तारीख नहीं दी जा सकती है। यह गहाड़वालों के समय में एक महत्वपूर्ण मंदिर था, संभवतः मौलिक अर्क विनायक मुस्लिम हमलों के दौरान नष्ट हो गया और बाद में पुनरुद्धारण करके एक नई प्रतिमा प्रतिष्ठित की गई थी।

2

श्री दुर्ग विनायक

दुर्ग विनायक (2-1), शहर के दक्षिण में दुर्गा मंदिर के पास स्थित है। दुर्ग विनायक नाम इसके स्थान के कारण पड़ा है। यह विनायक दुर्गा मंदिर के पूर्व दिशा में एक अलग मंदिर में, कुंड के पास स्थित है। काशी खंड के अनुसार, गणाध्यक्ष नामक यह विनायक सभी दुःखों का नाश करने वाला है और इसे ध्यानपूर्वक पूजना चाहिए। हालांकि, काशी खंड इसे दुर्गा देवी के आसपास स्थित नहीं बताता, फिर भी मान्यता है कि इसका दुर्गा देवी से कुछ संबंध है।

इस विनायक की मूर्ति लगभग डेढ़ मीटर ऊंची है, और वर्तमान में इसकी अधिकांश विशेषताएं स्पष्ट नहीं हैं क्योंकि इस पर वस्त्र और फूलों की माला है। मूर्ति की सूंड पेट के ऊपर लटकती है और गणेश को ललितासन स्थिति में बैठा दिखाया गया है। सिर पर चांदी का अर्धचंद्र सजा हुआ है।

कुछ पंडितों का मानना है कि दुर्गा, आशा और सिद्धि विनायक की प्रतिमाएं एक दूसरे की प्रतिलिपियां हैं। हालांकि, आशा विनायक की मूर्ति और दुर्ग विनायक की मूर्ति में उल्लेखनीय अंतर हैं, जैसे कि उनकी ऊंचाई और चेहरे और सूंड की विशेषताएं। दुर्ग विनायक मूर्ति की स्थापना अठारहवीं शताब्दी में होने का अनुमान है, जब रानी भवानी ने कुंड की पुनर्निर्माण और दुर्गा मंदिर का पुनरुद्धारण का आदेश दिया था।

3

श्री भीमचंडा विनायक

भीमचंडा विनायक (3-1) का नाम 'भीमचंडी' शब्द से नाम मिला है, वह 'भीष्मचंडी' का विकृत रूप है और इसका अर्थ है भयानक चंडी। यह विनायक भीमचंडी देवी मंदिर के परिसर में पंचक्रोशी यात्रा के दौरान स्थित है। काशी खंड के अनुसार, इस विनायक का दर्शन करने से सभी भय नष्ट हो जाते हैं। इसका उल्लेख त्रिस्थलिसेतु और तीर्थप्रकाश में भी हुआ है और मेरुतंत्र इसे 'जेयाश्वाण्डा विनायक' के रूप में वर्गीकृत करता है।

भीमचंडा विनायक की मूल प्रतिमा की ऊंचाई, चूहे के पर्वत को जोड़े बिना, लगभग साठ सेंटीमीटर है। प्रतिमा में एक मुकुट है, जो तीसरे काल की विशिष्टता है और इसमें एक हेलमेट जैसी संरचना और पंखुड़ी जैसे आधार पर शीर्ष सजावट है। सूंड बाईं ओर मोड़ी गई है और बाईं हाथ में मोदक पात्र को छू रही है। ऊपरी दाहिने हाथ में कुल्हाड़ी है, लेकिन निचले दाहिने हाथ की विशेषता स्पष्ट नहीं है। निचला बाईं हाथ एक लोटा पकड़े हुए है। मूर्ति के अन्य आभूषण स्पष्ट नहीं हैं और यह मूर्ति में यज्ञोपवीत भी नहीं दिखाई देती है।

स्थानीय लोगों के अनुसार, मुकुट पर शीर्ष सजावट की वजह से, प्रतिमा सोलहवीं शताब्दी की नहीं बल्कि सत्रहवीं शताब्दी की प्रतीत होती है। यह विनायक का कार्य और स्थिति देवी के समान है, जिससे यह माना जाता है कि इस विनायक का भी देवी के साथ कुछ संबंध है।

4

श्री देहली विनायक

देहली विनायक (4-1) को काशी के पश्चिमी द्वार का संरक्षक माना जाता है, जिनका मंदिर भटौली गांव में है। इनकी प्रतिमा अनूठी है, जिसमें विनायक चूहे पर खड़े हैं, उनके मुकुट साधारण हैं और उनकी एक तीसरी आँख नाक पर है। इस मंदिर का निर्माण १८वीं शताब्दी में हुआ था और यह माना जाता है कि वर्तमान प्रतिमा पुरानी मूर्ति की जगह लगाई गई हो सकती है। देहली विनायक का इतिहास प्राचीन है और काशी के कला भवन संग्रहालय में मिली एक गणेश प्रतिमा इसके महत्व को आठवीं शताब्दी से इसकी मान्यता बता रही है। मंदिर के बाहर सोलह विनायकों का पैनल भी है और इसे पंचक्रोशी यात्रा के दौरान दर्शन किया जाता है।

5

श्री उद्दंड विनायक

उद्दंड विनायक (5-1) का मंदिर, जो पंचक्रोशी यात्रा के पास रामेश्वर के निकट स्थित है, उत्तर-पश्चिम काशी में अपने भक्तों की अनुपयुक्त बाधाओं को दूर करने के लिए प्रसिद्ध है। इस विनायक की प्रतिमा लगभग ४०-५० सेंटीमीटर ऊंची है, क्षतिग्रस्त स्थिति में है, और यह एक छड़ी पकड़े हुए है। प्रतिमा के मुकुट का कोई संकेत नहीं है, और इसकी सूंड बाईं ओर मोड़ी गई है। इसका निर्माण सतह की रूखाई और अंगों की कठोरता के आधार पर पंद्रहवीं और सोलहवीं शताब्दी के बीच माना जाता है। यह विनायक अन्य प्रतिमाओं की तरह चूहे पर नहीं दिखाया गया है, और इसके ऊपरी हाथों की स्पष्ट परिभाषा नहीं है। इसका एक हाथ पेट पर है जो संभवतः एक माला पकड़े हुए है, जबकि निचला बायाँ हाथ क्षतिग्रस्त है।

6

श्री पाशपाणि विनायक

पाशपाणि विनायक (6-1), जिन्हें पाश धारण करने वाले विनायक के रूप में जाना जाता है, का मंदिर काशी के उत्तर में सदर बाजार में है। यह स्थान पंचक्रोशी यात्रा के साथ-साथ नगर प्रदक्षिणा यात्रा का भी एक हिस्सा है, जिससे इसका महत्व और बढ़ जाता है। पाशपाणि विनायक की उपासना से काशिवासियों की सभी बाधाएं नष्ट होने का विश्वास है। उनकी प्रतिमा आधा मीटर लंबी है, चार हाथों के साथ ललितासन स्थिति में है, जिनमें से दो हाथ पीछे हैं और कृत्रिम प्रतीत होते हैं, जिससे लगता है कि ये बाद में जोड़े गए हो सकते हैं। प्रतिमा का एक हाथ पाश पकड़े हुए है और दूसरा कमल का फूल लिए हुए है, जबकि निचले हाथ मोदक पात्र और छड़ी या गदा पकड़े हुए हैं। इसकी सूंड और कान भी विशेषतापूर्ण हैं। प्रतिमा के क्षतिग्रस्त होने के बावजूद, इसकी विशेषताएँ इसे तेरहवीं से पंद्रहवीं शताब्दी के बीच की अवधि में रखती हैं। मंदिर के बाहर एक अन्य गणेश प्रतिमा है जो नौवीं या दसवीं शताब्दी की हो सकती है, जिससे प्रतिमाओं की उत्पत्ति और उनके मूल स्थान के बारे में प्रश्न उठते हैं।

7

श्री खर्व विनायक

खर्व विनायक (7 -1), जिन्हें काशी खंड में 'सुंदर विनायक' कहा गया है, राजघाट किले में आदि केशव मार्ग पर स्थित हैं। इस विनायक को गंगा और वरुणा के संगम पर स्थित बताया गया है, जहाँ वे भक्तों की बाधाओं को दूर करते हैं। खर्व विनायक की प्रतिमा करीब एक मीटर ऊँची है, लेकिन प्रतिमा के आधार में नुकसान के कारण उनकी मुद्रा का स्पष्ट वर्णन कर पाना कठिन है। उनके सिर पर कोई मुकुट या सिर पट्टी नहीं है, और उनका चेहरा हाथी जैसा प्रतीत होता है। प्रतिमा में चार हाथ होने का अनुमान है, परंतु कौन से गुण थे यह स्पष्ट नहीं है। वे एक नागयज्ञोपवीत पहनते हैं, पर अन्य आभूषणों का विवरण अनुपस्थित है। उनकी सूंड बाईं ओर मुड़ी हुई है और एक कटे हुए भाग से गुजरती है।

कन्नौज में मिली एक समान प्रतिमा, जो सातवीं शताब्दी की मानी जाती है, खर्व विनायक की तारीख तय करने में मदद करती है। कन्नौज की प्रतिमा की बेहतर स्थिति उसके गुणों को स्पष्टता से पहचानने में सहायक है। खर्व विनायक के नंगे सिर, सुंदर बैठे हुए मुद्रा, और हाथी जैसे चेहरे की विशेषताएँ इसकी प्राचीनता को दर्शाती हैं, हालांकि इसकी क्षतिग्रस्त स्थिति इसे सही ढंग से वर्गीकृत करने में चुनौती होती है।

8

श्री सिद्धि विनायक

सिद्धि विनायक (8-1), पूर्वी दिशा के संरक्षक के रूप में जाने जाते हैं जो मणिकर्णिका कुंड के निकट स्थित हैं। सिद्धि विनायक का मंदिर बाईं ओर की सीढ़ियों के आधे रास्ते में है। काशी खंड के अनुसार, यह विनायक उस पुण्य स्थल की सुरक्षा करते हैं और साधकों को शक्तियाँ प्रदान करते हैं। सिद्धि विनायक के मंदिर को तीर्थयात्रा के शुरुआत और समाप्ति पर दर्शन के लिए महत्वपूर्ण माना जाता है। उनकी प्रतिमा लगभग एक मीटर ऊँची है, जिस पर चांदी का मुकुट है और तीन बड़ी आँखें हैं, जिनमें से एक तीसरी आँख के ऊपर चमकता चंद्र बिंदु है। सूंड बाईं ओर मोड़ी गई है।

इस प्रतिमा को उन्नीसवीं शताब्दी में प्रतिष्ठित किया गया माना जाता है, और इसकी स्थापना मराठों या पेशवाओं द्वारा की गई हो सकती है। दुर्गा, सिद्धि और आशा विनायक के बीच समानता की बात की गई थी, लेकिन उनकी सूंड की विशेषताएँ इस समानता के विचार को चुनौती देती हैं। सिद्धि विनायक की महत्वपूर्णता और उनकी आराधना की परंपरा भारत में व्यापक है, जो उन्हें अत्यंत विशेष और पूजनीय बनाती है।

दूसरे आवरण का आठ विनायक

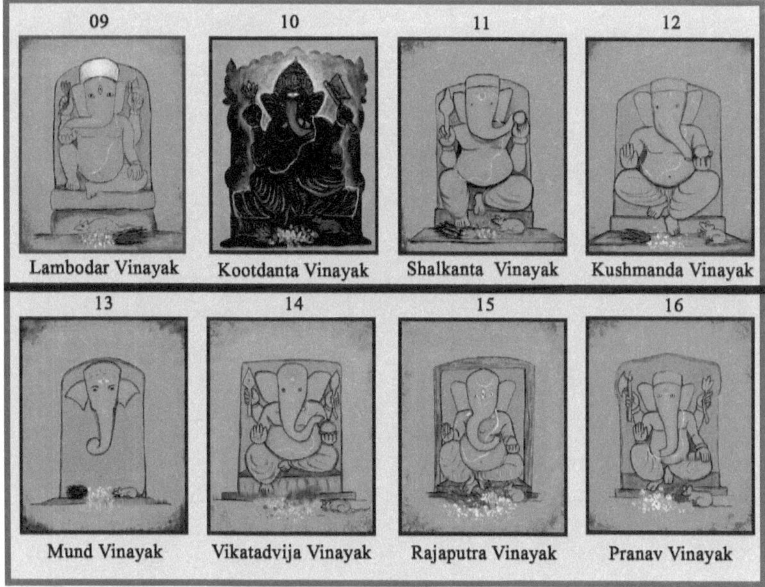

9

श्री लम्बोदर विनायक

लम्बोदर विनायक (9-2), जिसे "घड़े के पेट वाला विनायक" भी कहा जाता है जो गंगा के किनारे, लाली घाट के निचले हिस्से में एक छोटे मंदिर में स्थित है। यह विनायक विशेष रूप से दिसंबर से जून तक, जब गंगा का जल स्तर कम होता है, तब दर्शनीय होता है। वर्तमान मंदिर हाल के वर्षों में बनाया गया है, और इसमें नृत्य करते हुए विनायक की प्रतिमा है, जो अपने दाएं पांव के पास एक चूहे के साथ चित्रित है।

प्रतिमा की अच्छी स्थिति और इसके साथ अन्य प्रतिमाओं की उपस्थिति यह संकेत देती है कि यह पहले घाट के उच्च हिस्से पर स्थापित थी। इसकी नृत्य मुद्रा और मुकुट व पीछे के हाथों की विशेषताओं के आधार पर, यह माना जा सकता है कि लम्बोदर विनायक तेरहवीं या चौदहवीं शताब्दी के आसपास का हो सकता है। इस प्रतिमा का नृत्य करते हुए रूप इसे विशेष बनाता है और पुरातत्विक व धार्मिक महत्व का संकेत देता है।

10

श्री कूटदंत विनायक

कूटदंत विनायक (10-2) जो रवींद्रपुरी में अघोर परिसर के क्रीम कुण्ड पर स्थित हैं। इस विनायक का विवरण काशी खंड में मिलता है और प्रिंसेप द्वारा भी उल्लेखित है।

प्रतिमा में विनायक को बैठे हुए दर्शाया गया है, उनके सिर पर एक मुकुट है जिसका आधार फूल की पंखुड़ी से तराशा गया है। उनकी सूंड दाएं मोड़ी गई है और एक मोदक पकड़ी हुई है, जो दाहिने दांत को छूती है। विनायक दो दांतों के साथ प्रस्तुत किया गया है, जिसमें बायाँ दांत दाहिने से छोटा है।

यह प्रतिमा उन्हात्तरवीं शताब्दी के विनायकों का एक उत्कृष्ट उदाहरण है, और इसकी हालिया तारीख की पुष्टि प्रतिमा और उस पर लगे अभूषणों से होती है। दिलचस्प बात यह है कि यह प्रतिमा पटना संग्रहालय में पाई गई गणेश प्रतिमा की लगभग सटीक प्रतिलिपि है, जिससे संभावना बनती है कि कूटदंत विनायक को तराशने वाले कलाकार ने बिहार के इस टुकड़े से प्रेरणा ली हो।

11

श्री शालकंट विनायक

श्री शालकंट विनायक (11-2), जो मानव गृह्य सूत्र और यज्ञवल्क्य स्मृति में उल्लिखित चार विनायकों में से एक हैं, मंडुआडीह के मारवाड़ी कुंड पर स्थित हैं। यह स्थान भीमचंडी गणेश के उत्तर-पूर्व में है, जो इस पवित्र स्थान का संरक्षक माना जाता है।

प्रतिमा का निचला हिस्सा कपड़े से ढका हुआ है, और इसे बैठे हुए रूप में प्रस्तुत किया गया है। मुकुट की विशेषताएँ और सिर के डिजाइन से लगता है कि यह सोलहवीं शताब्दी से पहले की नहीं है, फिर भी अन्य विशेषताएँ इसे उस समय से भी बाद का सुझाव देती हैं। इस प्रकार, प्रतिमा को अठारहवीं या उन्नीसवीं शताब्दी में डेट किया गया है।

शालकंट विनायक की प्रतिमा में उनकी सूंड बाईं ओर मोड़ी गई है और वह उपरी बाईं हाथ में रखे मोदक की कटोरी को छूती है, जो उनके विशेष और पूजनीय स्वरूप को दर्शाता है। आंखें दो चिड़ियों की तरह बनाई गई हैं, और कान विशेष रूप से दिखाए गए हैं। यह अनोखा डिजाइन इस प्रतिमा को आधुनिक प्रतिरूपण से अलग बनाता है, जो इसकी अद्वितीयता और महत्व को रेखांकित करता है।

12

श्री कुष्माण्ड विनायक

कुष्माण्ड विनायक (12-2), जिनका नाम मानव गृह्य सूत्र और यज्ञवल्क्य स्मृति में भी आता है, बनारस के पश्चिम में, फुलवरिया गांव में सरसों के खेतों के बीच स्थित हैं। यह विनायक महान दुर्घटनाओं और संकटों को दूर करने के लिए पूजनीय हैं, जिसका उल्लेख काशी खंड, त्रिस्थलिसेतु, तीर्थप्रकाश, और मेरुतंत्र में भी किया गया है।

मंदिर के पास सप्तमातृका की प्राचीन पैनल और महिषासुरमर्दिनी के रूप में एक क्षतिग्रस्त दुर्गा की प्रतिमा मिली है, जो इस विनायक की प्राचीनता को और भी पुष्ट करती है। प्रतिमा की विशेषताएं नष्ट हो चुकी हैं, और इसका सिर खुला है, जिस पर हल्की उंचाई हो सकती है जो शीर्षबंध रही होगी। सूंड बाईं ओर मोड़ी गई है, और विनायक बैठे हुए पोज़ में हैं, बाएं हाथ में मिठाई की कटोरी पकड़े हुए हैं।

दुर्गा की प्रतिमा और सप्तमातृका पैनल की मौजूदगी और प्रतिमा की स्पष्ट प्राचीनता के आधार पर, कुष्माण्ड विनायक को आठवीं या सातवीं शताब्दी का माना जा सकता है। यह सुझाव दिया जाता है कि विनायक की दिशा और स्थान का चयन विशेष रूप से दिशात्मक महत्व के आधार पर किया गया था, जो इसके धार्मिक और आध्यात्मिक महत्व को दर्शाता है।

13

श्री मुंड विनायक

मुंड विनायक (13-2), जिसकी प्रतिमा सदर बाजार में चंदी देवी के मंदिर की दीवार में स्थित है, जो एक अनूठा विनायक है। काशी खंड के अनुसार, इस विनायक का शरीर पाताल में है और सिर काशी में है, जिसे मुंड विनायक के रूप में पूजा जाता है। यह विनायक उद्दंड नामक गणपति के दक्षिण-पूर्व में स्थित है और अत्यंत प्रसिद्ध है। प्रतिमा, जो विनायक के सिर को दर्शाती है, बड़े कानों और सूंड के साथ वास्तविकता का भान कराती है। इसकी विशेषताएँ और स्थान इसे एक महत्वपूर्ण विनायक के रूप में प्रमाणित करते हैं।

14

श्री विकटद्विजा विनायक

विकटद्विजा विनायक (14-2), जिसे 'बड़ी सूंड वाला विनायक' भी कहा जाता है, धूपचंडी मोहल्ले के धूपचंडी देवी मंदिर में स्थित है। इसकी पूजा करने से व्यक्ति गणों का प्रभु बन सकता है। इस विनायक का वर्णन काशी खंड, त्रिस्थलिसेतु, तीर्थप्रकाश, और मेरुतंत्र में मिलता है। प्रतिमा लगभग 30 सेंटीमीटर ऊंची है, क्षतिग्रस्त है, और इस पर सिंदूर लगा हुआ है। सूंड बाएं ओर मुड़ी हुई है, और यह चार हाथों के साथ प्रस्तुत किया गया है। हालांकि, इसके हाथ क्षतिग्रस्त हैं और इसकी विशेषताएँ स्पष्ट नहीं हैं। पुराने प्रकाशनों में इसकी तुलना पाँचवीं शताब्दी के विनायक से की गई है, लेकिन यह संभवतः दसवीं शताब्दी की मूर्ति है।

15

श्री राजपुत्र विनायक

राजपुत्र विनायक (15-2), मानव गृह्य सूत्र और यज्ञवल्क्य स्मृति में उल्लेखित तीन विनायकों में से एक है, जो राजघाट किले के निकट, आदि केशव मंदिर के पास स्थित है। इसकी पूजा खोई हुई साम्राज्य को पुनः प्राप्त करने के आशीर्वाद के लिए की जाती है। यह स्थान काशी के शासकों की शक्ति का प्रतीक है। इस विनायक का उल्लेख त्रिस्थलिसेतु, तीर्थप्रकाश, और मेरुतंत्र में भी है। प्रतिमा के अधिकांश भाग वस्त्र से ढके हुए हैं। प्रतिमा की ऊंचाई लगभग 60 सेंटीमीटर है, और यह प्राचीन प्रतीत होती है।

16

श्री प्रणव विनायक

प्रणव विनायक (16-2), जो मंत्र 'ॐ' का प्रतिनिधित्व करता है, त्रिलोचन घाट पर हिरण्यगर्भेश्वर मंदिर की दक्षिणी दीवार पर स्थित है। काशी खंडा के अनुसार, यह विनायक "गणाधिपा प्रणव" गंगा के पश्चिमी किनारे और राजपुत्र के दक्षिण में है, जिसकी पूजा मोक्ष प्राप्ति में सहायक मानी जाती है। मूल रूप से गोला घाट पर स्थित, यह त्रिस्थलिसेतु और तीर्थप्रकाश में सूचीबद्ध है लेकिन मेरुतंत्र में प्रवरण विनायक के नाम से जाना जाता है। प्रतिमा 30 सेंटीमीटर से छोटी, ललितासना में चित्रित है, और इस पर मुकुट और कृत्रिम आंखें लगी हैं। चार हाथों में से एक कुल्हाड़ी और दूसरा कमल का फूल पकड़े हुए है। इसकी सूंड और हाथ क्षतिग्रस्त हैं, और यह आभूषणों के बिना समतल दिखाई देती है। मुकुट के आधार पर इसे सोलहवीं या सत्रहवीं शताब्दी का माना जा सकता है।

तीसरे आवरण का आठ विनायक

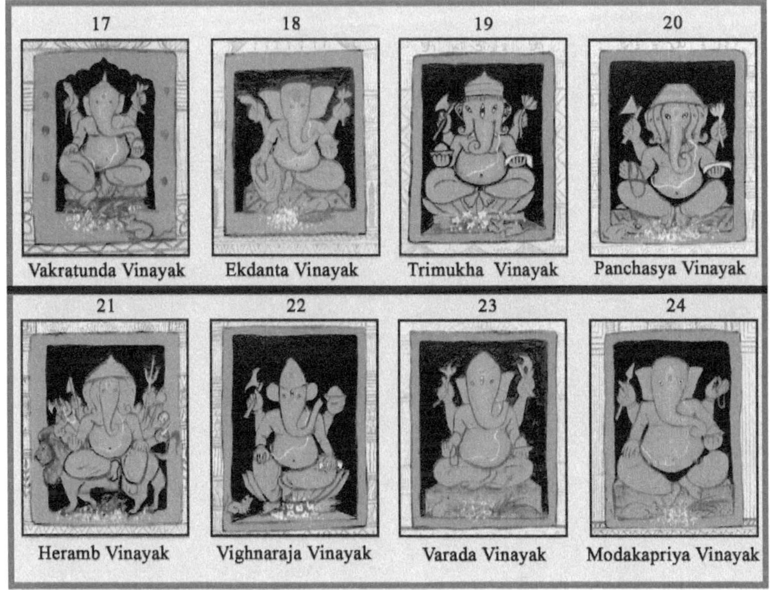

17 — Vakratunda Vinayak

18 — Ekdanta Vinayak

19 — Trimukha Vinayak

20 — Panchasya Vinayak

21 — Heramb Vinayak

22 — Vighnaraja Vinayak

23 — Varada Vinayak

24 — Modakapriya Vinayak

17

श्री वक्रतुण्ड विनायक

वक्रतुण्ड विनायक (17-3), जिसे सरस्वती विनायक भी कहा जाता है, राणा महल की दीवार पर, कौसट्टी योगिनी मंदिर के बाहर लक्ष्मी प्रतिमा के पास स्थित है। काशी खंडा के अनुसार, यह महा पापों को नष्ट करने वाला है और लम्बोदर के उत्तर में गंगा के उत्तरी किनारे पर स्थित है। त्रिस्थलिसेतु, तीर्थप्रकाश और मेरुतंत्र में भी इसका उल्लेख है। इसकी ऊंचाई 60 सेंटीमीटर है, ललितासना स्थिति में चित्रित, सिर पर चोटी के साथ, चेहरा हाथी जैसा, कान छोटे आयताकार, और बाएं हाथ में मोदक पात्र है। चार हाथों में से एक में पाश और दूसरे में कमल है, जबकि एक हाथ घुटनों पर आराम करता है और दूसरा मोदक पात्र पकड़े हुए है। मूर्ति की शैली मध्ययुगीन काल की प्रतीत होती है, जिसे 1807 ईसा पूर्व में निर्मित कौसट्टी देवी मंदिर के संदर्भ में आँका जा सकता है।

18

श्री एकदंत विनायक

एकदंत विनायक (18-3), जिसे कूटदंत विनायक के उत्तर में स्थित और युद्ध तथा दंगों से काशी की सुरक्षा करने वाला माना जाता है, बंगाली टोला में पुष्पदांतेश्वर मंदिर में उपस्थित है। इसका उल्लेख त्रिस्थलिसेतु, तीर्थप्रकाश और मेरुतंत्र में है, जहाँ इसे दंतुरा कहा जाता है। प्रतिमा लगभग 20 सेंटीमीटर ऊंची है और ललितासन में है, सिर पर हाथी जैसे उभार के साथ और बाएं ओर मोड़ी हुई सूंड जो मोदक पकड़े हुए है। चार हाथों में से, एक पाश या परशु और दूसरे में कमल धारण करते हैं, जबकि एक अन्य हाथ मिठाई की कटोरी पकड़े हुए है। प्रतिमा की सतह खराब हो चुकी है, जिससे इसकी प्राचीनता और मूल विशेषताएं निर्धारित करना कठिन है। इसकी समानता मथुरा संग्रहालय में पाई जाने वाली गणेश मूर्तियों से देखी जा सकती है।

19

श्री त्रिमुख विनायक

त्रिमुख विनायक (19-3), जिसकी मूर्ति सिगरा टिला पर त्रिपुरांतेश्वर मंदिर में स्थित है, तीन अलग-अलग मुखों के साथ वर्णित किया गया है, जबकि वर्तमान मूर्ति में तीन हाथी मुख हैं। काशी खंड में इसे काशी के लोगों के डर को दूर करने वाला बताया गया है। त्रिस्थलिसेतु और तीर्थप्रकाश में इसका उल्लेख है, और मेरुतंत्र में इसे त्रिवदंता कहा गया है। मूर्ति की ऊंचाई लगभग 26 सेंटीमीटर है, तीन सूंडों के साथ, जिसमें से एक मध्य में और बाकी दो उपर की ओर मुड़ती हैं। मूर्ति एक कमल पर बैठी है, चार हाथों में से दो में परशु और कमल हैं, और दो हाथ घुटनों पर आराम करते हैं, एक हाथ में कटोरी और दूसरे में पुस्तक है। इसके दो त्रिकोणीय कान हैं और तीन आँखें, जिसमें एक बड़ी तीसरी आँख मध्य सूंड के ऊपर है। नागयज्ञोपवीत और अन्य सजावटें धुंधली पर पहचानी जा सकती हैं। मंदिर के निर्माण का समय 1874 बताया गया है, जिससे संकेत मिलता है कि मूर्ति भी उसी काल की हो सकती है।

20

श्री पंचास्य विनायक

पंचास्य विनायक (20-3) यानि पाँच मुख वाला विनायक, जो बनारस के पिशाचमोचन मंदिर के बाहरी दीवार में स्थित है, काशी खंड के अनुसार यह विनायक काशी शहर की रक्षा करता है। इस विनायक की मूर्ति सत्तर सेंटीमीटर ऊंची है, और इसमें पाँच सूंड हैं, जिनमें मध्य सूंड नीचे लटकी हुई और बाईं ओर मुड़ी हुई है, जबकि दो बाहरी सूंड छोटी हैं। इसके चार हाथ हैं, जिसमें फूल, कुल्हाड़ी, माला, और पुस्तक शामिल हैं, और यह मोज़े और चूड़ी पहने हुए है। इसके तले में चूहा बना है, जो इसकी विशिष्टता को दर्शाता है। पाँच मुख विनायक की अजीब आकृति ने इसे कला की किताबों में जगह दिलाई है। इस मूर्ति के काल के बारे में विभिन्न मत हैं, यह संभावना है कि मूर्ति अठारहवीं शताब्दी की है, जब पिशाचमोचन मंदिर बनाया गया था।

21

श्री हेरम्ब विनायक

हेरम्ब विनायक (21-3), विनायक के तांत्रिक रूपों में से एक है, जो वाल्मीकि टीला पर एक मंदिर में स्थित था जो 1996 के मानसून में ध्वस्त हो गया। तब से, इस मंदिर और मूर्ति का कोई निशान नहीं मिला है। काशी खंड इसे काशी के लोगों के लिए लाभकारी बताता है, लेकिन इसके तांत्रिक संबंधों का कोई उल्लेख नहीं करता। विद्यार्णव तंत्र और अन्य ग्रंथों में हेरम्ब का वर्णन पांच सिर वाले और शेर पर सवार के रूप में होता है। विविध स्रोतों से इसकी मूर्ति के विवरण में भिन्नता है, जिसे कुछ ने पंचमुखी विनायक तो कुछ ने हेरम्बा के रूप में वर्णित किया है। विश्वनाथ गली में स्थित एक मूर्ति, जिसे सोलहवीं से सत्रहवीं शताब्दी की माना जाता है, को भी हेरम्बा माना गया है क्योंकि इसके पास एक शेर है। हालांकि, इस मूर्ति के सटीक काल और पहचान को लेकर विवाद है।

हेरम्ब विनायक का वर्णन एक विशेष रूप में किया गया है जिसमें उन्हें शेर पर सवार, पांच सिर और दस हाथों वाले के रूप में बताया गया है। इस विनायक की मुख्य विशेषता उनका शेर वाहन है, जो कश्मीर, अफगानिस्तान, और नेपाल में गणेश की पूजा में भी पाया जाता है। विद्यार्णव तंत्र उन्हें गणेश के चौदह रूपों में से एक के रूप में बताता है, और उनकी मूर्ति की विशेषताएँ विभिन्न ग्रंथों में वर्णित हैं। उनके रूप का विवरण और उनकी पूजा की विधियाँ तांत्रिक परंपराओं में विशेष महत्व रखती हैं।

22

श्री विघ्नराज विनायक

विघ्नराज विनायक (22-3), जिसे 'बाधाओं को दूर करने वाला राजा' के नाम से जाना जाता है, जो चित्रकूट कुआँ के पास J 12/32 में स्थित है। काशी खंड में इसे ज्ञानी की सफलता के लिए पूजनीय बताया गया है, जो विकटदंता के दक्षिण में सभी बाधाओं को नष्ट करता है। इसका उल्लेख त्रिस्थलीसेतु, तीर्थप्रकाश, और मेरुतंत्र में भी मिलता है। प्रतिमा 88 सेमी की ऊंचाई में है और ललितासन में कमल के आसन पर बैठी है, जिसमें दाहिना पैर एक सीट पर लटका हुआ है। इसके कान सिर के आकार के मुकाबले छोटे हैं और सूंड बायीं ओर मुड़ी है। इसके चार हाथ हैं, जिनमें ऊपरी दाहिने हाथ में कुल्हाड़ी है और नीचे के हाथ घुटनों पर आराम करते हैं, दाहिने हाथ में माला और बाएं हाथ में एक किताब है। मूर्ति में दो छोटी हाथियाँ भी दिखाई देती हैं।

23

श्री वरद विनायक

वरद विनायक (23-3), जिसे 'वरदान देने वाला विनायक' या 'इच्छाओं को पूरा करने वाला' कहा जाता है, जो प्रह्लाद घाट के रास्ते पर स्थित है। इसकी पूजा विशेष रूप से वरदान प्राप्ति के लिए की जाती है, और इसे राजपुत्र विनायक के उत्तर-पश्चिम में पूजा जाने की सलाह दी गई है। इस विनायक की मूर्ति केवल आधी दिखाई देती है, जो इसकी अद्वितीयता को दर्शाती है। इसकी उच्चाई लगभग 40 सेमी है, और संभवतः यह किसी संकट के चलते नए स्थान पर स्थापित की गई हो। मूर्ति में महाराष्ट्र के सिद्धि विनायक से समानताएं पाई जाती हैं, जो इसके महत्व को और बढ़ाती हैं।

वरद विनायक की मूर्ति में एक बड़ा सूंड और छोटे कान होते हैं, और यह ललितासन में दिखाई देती है। इसके सिर पर आधुनिक तीसरी आँख लगी है, जो इसकी विशेषता को दर्शाती है। मूर्ति के केवल दो हाथ होने का अनुमान है, जिससे यह प्राचीनता की ओर संकेत करती है। इसकी मौजूदा स्थिति और अद्वितीय रूप इसे काशी के विनायकों में विशेष बनाते हैं।

24

श्री मोदक प्रिय विनायक

मोदक प्रिय विनायक (24-3), जिसे 'गणेश मोदकप्रिय' के नाम से भी जाना जाता है, त्रिलोचन घाट के पीछे आदिमहादेव मंदिर, A 3/92 में स्थित है। यह विनायक प्रणवविघ्नेश के दक्षिण में स्थित पिसंगिला तीर्थ पर नदी के शुभ तट पर विराजमान है और इसकी पूजा वरदान प्राप्ति के लिए की जाती है। इस विनायक का नाम त्रिस्थलीसेतु, तीर्थप्रकाश, और मेरुतंत्र में शामिल है। प्रतिमा की ऊंचाई चालीस सेमी है, और इसकी विशेषता यह है कि यह केवल शरीर की आधी ही दिखाती है।

मोदक प्रिय विनायक की प्रतिमा में मुकुट नहीं है, लेकिन सिर पर हल्की ऊंचाई है, जो शायद इसके पहले एक शिखर होने का संकेत देती है। सूंड वाम ओर मुड़ी हुई है और इसकी नक्काशी से लगता है कि यह प्रारंभ में किसी मोदक पात्र को छूता था। इसके हाथों के विवरण से यह संकेत मिलता है कि मूल रूप में इसे चार हाथों के साथ दर्शाया गया था। इस प्रतिमा की विशेषताएं इसे दसवीं सदी के आस-पास की तिथि देने का संकेत देती हैं, जो इसे प्राचीन और महत्वपूर्ण बनाती हैं।

चौथे आवरण का आठ विनायक

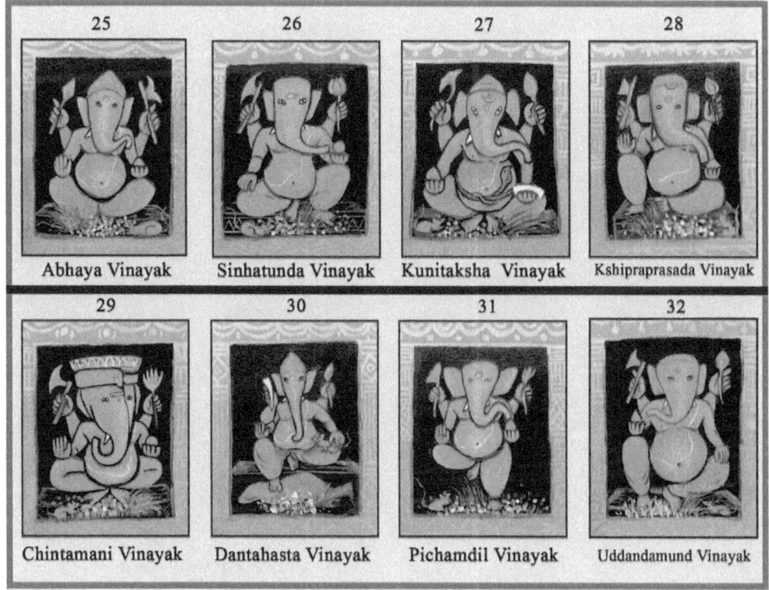

25

श्री अभय विनायक

अभय विनायक (25-4), जिसे 'संरक्षण करने वाला विनायक' के रूप में जाना जाता है, प्रयाग घाट पर शूल टाँगेश्वर मंदिर में स्थित है। इस विनायक की पूजा डरे हुए लोगों को आत्म-सुरक्षित महसूस कराने के लिए की जाती है, और इसका स्थान वक्रतुण्ड विनायक के उत्तर में है। इसका उल्लेख त्रिस्थलीसेतु, तीर्थप्रकाश, और मेरुतंत्र में है। प्रतिमा की ऊंचाई लगभग 60 सेमी है और यह ललितासन में बैठी हुई है, जिसके सिर पर एक शिखर है। सूँड वाम ओर मुड़ी हुई है, जो इसकी मूर्तिलक्षणीय विशेषता है।

मूर्ति की वर्तमान स्थिति और क्षतिग्रस्त अवस्था इस बात का संकेत देती है कि यह मूल स्थान से बग़ल में स्थापित की गई हो सकती है। इसके चार हाथ हैं, लेकिन समय के साथ क्षतिग्रस्त होने के कारण, इसके हाथों में धारित वस्तुएँ नहीं पहचानी जा सकती हैं। चार हाथों और अन्य मूर्तिलक्षणीय विशेषताओं के आधार पर इसे दसवीं से बारहवीं सदी के बीच की तिथि दी गई है। अभय विनायक की प्रतिमा का संरक्षण और आत्म-सुरक्षा प्रदान करने का गुण इसे विशेष बनाता है, और इसकी प्राचीनता और मूर्तिलक्षणीय विशेषताएँ इसे काशी के विनायकों में एक महत्वपूर्ण स्थान प्रदान करती हैं।

26

श्री सिंहतुंड विनायक

सिंहतुंड विनायक (26-4), जिसका अर्थ 'शेर की नाक वाला विनायक' है, जो खलिसपुरा में स्थित ब्रह्मेश्वर मंदिर में प्रतिष्ठित है। इस विनायक का स्थान एकदंत के उत्तर में है, और यह वाराणसी के निवासियों की बाधाओं को नष्ट करने वाला माना जाता है। हालांकि इसका नाम 'शेर की नाक' का सुझाव देता है, प्रतीकात्मक रूप से इसे बाधाओं से निपटने के लिए माना जाता है। इसका नाम त्रिस्थलीसेतु, तीर्थप्रकाश, और मेरुतंत्र में भी उल्लिखित है।

प्रतिमा की ऊंचाई चालीस सेमी है और यह ललितासन में बैठी है। इसका सिर अजीब आकार का है, जिससे लगता है कि शायद पहले इस पर कट्टर था जो अब घिस गया है। सूँड वाम ओर मुड़ा हुआ है और इसकी नक्काशी ऐसी है कि यह मोदक पात्र को छूता प्रतीत होता है। इसके चार हाथ हैं, जिनमें ऊपरी दाहिने हाथ में फांसी और ऊपरी बाईं हाथ में कमल है। नीचे बाईं हाथ में मिठाइयों का बर्तन है, और नीचे दाहिने हाथ को घुटनी पर आराम दिया गया है।

प्रतिमा का निचला हिस्सा पतला और असमानुपातिक है, जो इसकी प्राचीनता और अद्वितीयता को दर्शाता है। इसकी तिथि का निर्धारण करना कठिन है, लेकिन इसके विभिन्न विशेषताओं के आधार पर इसे तेरहवीं या चौदहवीं सदी के बीच की तिथि माना जा सकता है, हालांकि कुछ विशेषताएँ इसे दो सौ साल बाद की संभावना की ओर इशारा करती हैं। इसकी अद्वितीयता और ऐतिहासिक महत्व इसे वाराणसी के विनायकों में विशेष स्थान देते हैं।

27

श्री कूणिताक्ष विनायक

कूणिताक्ष विनायक (27-4), जिसे 'बंद आँखों वाला विनायक' के रूप में जाना जाता है, जो की लक्ष्मी कुण्डा में स्थित है। यह विनायक त्रिमुख विनायक के उत्तर-पूर्व दिशा में है, और इसे महाश्मशान की सुरक्षा करने वाला माना जाता है। कूणिताक्ष विनायक की मूर्ति की ऊंचाई लगभग एक मीटर तीस सेमी है, और यह ललितासन में बैठे हुए हैं।

इस मूर्ति में विस्तारित नाग यज्ञोपवीत है, और उनकी सूंड बाईं ओर मुड़ी हुई है, जिसके दो होंठ स्पष्ट दिखाई देते हैं। उनके चार हाथ हैं, जिनमें से एक हाथ में वह कमल धारण करते हैं, और अन्य हाथ में या तो एक मोदक या एक अनार हो सकता है। मूर्ति की विशेषताएं इसे पाँचवीं विनायक मूर्तियों में से एक के रूप में प्रदर्शित करती हैं, लेकिन इसकी स्पष्टता और विवरण इसे अधिक समकालीन काल की ओर संकेत करते हैं, जिसमें उन्नीसवीं या बीसवीं सदी अधिक संभावित है।

कूणिताक्ष विनायक की मूर्ति अपनी विशिष्टता और विवरणों के कारण काशी के विनायकों में एक विशेष स्थान रखती है, जो इसे बाकी विनायक मूर्तियों से अलग करती है।

28

श्री क्षिप्रप्रसाद विनायक

क्षिप्रप्रसाद विनायक (28-4), जिसे 'जल्दी प्रसाद देने वाला विनायक' कहा जाता है, पितरेश्वर महादेव मंदिर में स्थित है। यह विनायक वाराणसी की सुरक्षा करता है और उसकी पूजा से सिद्धियाँ तेजी से प्राप्त होती हैं। क्षिप्रप्रसाद का उल्लेख विद्यार्णव तंत्र में भी है, जहाँ वह गणेश के चौदह रूपों में से एक के रूप में वर्णित है, चार हाथों के साथ और विशेष वस्तुओं को धारण करते हुए। हालांकि, बनारस में स्थित इसकी मूर्ति की चित्ररूपी विशेषताएँ इस पाठ से मेल नहीं खाती हैं। प्रतिमा की ऊंचाई मात्र तीस सेमी है और इसमें विशेष आभूषण या यज्ञोपवीत के प्रमाण नहीं हैं।

इसके विवरण और निर्माण की स्पष्टता इसे कुछ अन्य विनायकों से अलग करती है, और इसकी तिथि को निर्धारित करना मुश्किल है। तिशिक प्रगाणिक कुट्टिया और अन्य विशेषताओं के आधार पर, यह सुझाव दिया जाता है कि यह तेरहवीं या चौदहवीं सदी में शामिल हो सकता है, हालांकि इसे बारहवीं सदी में भी तिथि दी जा सकती है। क्षिप्रप्रसाद विनायक की विशेषताएँ और आशीर्वाद देने की क्षमता इसे वाराणसी के विनायकों में एक महत्वपूर्ण स्थान प्रदान करती हैं।

29

श्री चिंतामणि विनायक

चिंतामणि विनायक (29-4), जिसे 'इच्छा-मणि विनायक' के रूप में जाना जाता है, जो बनारस में ईश्वरगंगा कुण्ड के पूर्वी ओर के एक छोटे से मंदिर में स्थित है। यह विनायक भक्तों की इच्छाओं को पूरा करने की क्षमता रखता है और इसे भक्तों के लिए एक इच्छा-मणि की तरह माना जाता है। इसकी प्रतिमा की विशेषताएं इसे विशेष बनाती हैं, जैसे कि निर्मूल होना और सूंड की हड्डी का बाहर निकलना, जो आठवीं और नौवीं सदी के आस-पास काफी सामान्य था।

चिंतामणि विनायक की मूर्ति की उच्चाई लगभग एक मीटर है, और यह अपनी विशेषताओं के माध्यम से अपनी तिथि की सूचना देती है। यह विनायक एक ऐसे स्थान पर प्रतिष्ठित है जहां सदियों से मुस्लिम आबादी रही है, जिससे इसके इतिहास पर विशेष प्रकाश पड़ता है। इसकी मूर्ति की विशेषताएं और इतिहास इसे बनारस के विनायकों में एक महत्वपूर्ण स्थान देते हैं। या तो यह मूर्ति मूल विनायक नहीं है, या इसे मुस्लिम मूर्तिविद्रोह की अवधि के दौरान छिपाया गया था, जो इसके ऐतिहासिक महत्व को और बढ़ाता है।

30

श्री दंतहस्त विनायक

दंतहस्त विनायक (30-4), जिसे 'वाराणसी को नफरत करने वालों के खिलाफ हजारों बाधाएँ डालने वाला विनायक' कहा जाता है, लोहटिया में बड़े गणेश मंदिर के संरचना में पाया जाता है। इस विनायक की मूर्ति की विशेषता यह है कि इसमें एक छोटी प्रतिमा है जो मूषक या चूहे को दर्शाती है और विनायक की गोद में बैठी हुई है। इस मूर्ति की सिर पर विशाल कान होते हैं और सूँड शरीर के ऊपर नीचे लटक रही है। यह प्रतिमा लगभग आधा मीटर की ऊंचाई की है और इसकी अद्वितीय विशेषता यह है कि विनायक ने एक कबूतर को पकड़ा हुआ है।

इस प्रतिमा की स्थिति को निर्धारित करना कठिन है, और यह ललितासन और एक पास बैठे हुए स्थिति का संयोजन प्रतीत होता है। वर्मिलियन की कई परतें होने के कारण इसकी अधिकांश विशेषताएं और आभूषण पहचानना मुश्किल होता। है। इस प्रतिमा की अद्वितीयता और विशेषताएं इसे वाराणसी के विनायकों में एक विशेष स्थान प्रदान करती हैं, और इसकी तिथि को तीसरी अवधि में डेट किया जा सकता है, जो संभवतः इसे अधिक समकालीन बनाता है।

31

श्री पीचंडिल विनायक

पीचंडिल विनायक (31-4), वारदा के दक्षिण-पश्चिम में स्थित है और यातुधानों द्वारा घिरा हुआ नगर की सुरक्षा करता है। इसकी मूर्ति प्रह्लाद घाट पर एक मंदिर में खड़ी रूप में है। इसकी विशेषताएँ इसे अनूठा बनाती हैं, जैसे कि खुड़े हुए पैरों के साथ खड़ा होना और विनायक की लौटे हुए मानव प्राणी के लपेटे में एक और छोटी सी प्रतिमा होना, जो मूषक को दर्शाती है। इसके बड़े कान, मुकुट और सूँड की विशेषताएँ इसे प्रतिष्ठित बनाती हैं। यह विनायक निर्मूल है और सूँड की हड्डी बाहर निकलती है, जो आठवीं और नौवीं सदी के आस-पास काफी सामान्य था।

पीचंडिल विनायक का शैली का मिश्रण है, और इसके सहायकों को 'यातुधान' के रूप में संदर्भित किया गया है, जो इसके सुरक्षा कार्य को प्रतीकात्मक रूप से दर्शाता है। इसकी स्थापना के स्थान और समय पर विचार करते हुए, यह संभव है कि इसे मुस्लिम मूर्तिविद्रोह की अवधि के दौरान छिपाया गया हो या इसका मूल स्थान कहीं और था। इसकी विशेषताएँ और इतिहास इसे वाराणसी के विनायकों में एक विशेष स्थान प्रदान करते हैं, जिसमें यह नगर की सुरक्षा के लिए विशेष रूप से समर्पित है।

32

श्री उद्दंड मुंड विनायक

उद्दंड मुंड विनायक (32-4), जिसे 'छड़ी लेकर आने वाला विनायक' भी कहा जाता है, त्रिलोचन मंदिर के पीछे वाराणसी देवी के पीछे, त्रिलोचन घाट के निकट स्थित है। काशी खंड के अनुसार, यह विनायक पिलिपिला तीर्थ पर मोदकप्रिया के दक्षिण में स्थित है और भक्तों को आशीर्वाद देता है। यह मूर्ति बीस सेंटीमीटर से अधिक ऊंची नहीं है और बहुत टूटी हुई स्थिति में है। मूर्ति का सिर सोने की तरह दिखाई देता है, जो सोलहवीं से सत्रहवीं सदी की शैली का प्रतीत होता है। मूर्ति बैठे हुए पोज में है, हालांकि यह स्पष्ट नहीं है कि यह ललितासन में है या नहीं। सूंड नीचे की ओर मुड़ी हुई है और मूर्ति में चार हाथ हैं। इस मूर्ति की तारीख संभवतः सत्रहवीं सदी के बाद की है, जो इसके आकार और सूंड के आकार से स्पष्ट है।

पांचवें आवरण का आठ विनायक

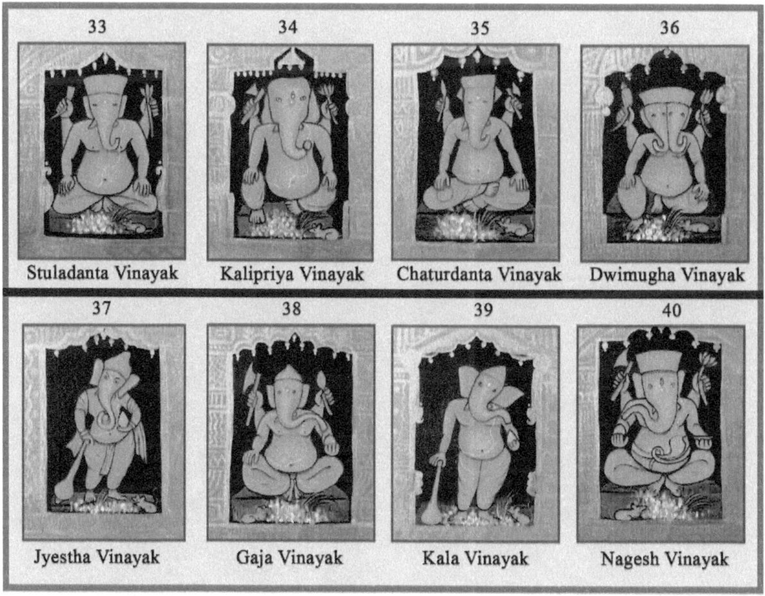

33

श्री स्थूल दंत विनायक

स्थूल दंत विनायक (33-5), जिसकी प्रतिमा मन मंदिर घाट पर स्थित एक छोटे मंदिर में स्थित है| इसके बारे में काशी खंड कहता है कि यह विनायक अभयप्रद के उत्तर में नदी के किनारे बसा है और अच्छे लोगों के लिए अत्यधिक सफलता प्रदान करता है। हालांकि, मूर्ति की वर्तमान स्थिति इस विवरण से मेल नहीं खाती और यह पूजा के लिए उपयुक्त नहीं है, संभवतः इसकी बिगड़ी हुई स्थिति के कारण। मूर्ति लगभग तीस सेंटीमीटर ऊंची है और इसकी सबसे बड़ी विशेषता इसका पेट है, जो आधा कटा हुआ है। सूंड और कान भी गायब हो चुके हैं। यह मूर्ति ललितासन में बैठे हुए है, जिसमें दाएं हाथ में शायद एक अक्षमाला थी। इसकी क्षतिग्रस्त स्थिति के कारण, इसकी तारीख का निर्धारण करना कठिन है, लेकिन यह संभवतः सोलहवीं या सत्रहवीं सदी की हो सकती है, इसलिए इसे तीसरे युग में स्थायी रूप से आवंटित किया जाता|

34

श्री कलिप्रिय विनायक

कलिप्रिय विनायक (34-5), मनप्रकामेश्वर मंदिर में साक्षी विनायक के सामने एक छोटी गली में स्थित है। इसे काशी खंड, त्रिस्थलीसेतु, तीर्थप्रकाश, और मेरुतंत्र में उल्लेखित किया गया है। कलिप्रिय तीर्थयात्रियों को परेशान करने वालों के लिए प्राकृतिक झगड़े पैदा करने के लिए जाना जाता है। इसकी मूर्ति लगभग बीस सेंटीमीटर की ऊंचाई में है और ललितासन पोज़ में बैठे हुए है। मूर्ति सिंदूर से भरी हुई है, जिससे इसकी विशेषताएं स्पष्ट नहीं होती हैं। इसमें बड़े कान, मस्तक पर ऊंचाई, और दाएं ओर मोड़ी गई सूँड़ शामिल हैं। चार हाथ होते हैं, जिनमें ऊपरी हाथों में कुल्हाड़ी और कमल हैं। मंदिर के प्रवेश द्वार के पास एक और विनायक मूर्ति है, जिसे कुछ स्थानीय निवासी 'असली' कालिप्रिय विनायक मानते हैं। इसकी विशेषताएँ इसे सोलहवीं या सत्रहवीं सदी की तारीख दे सकती हैं। व्यास और केदारनाथ के अनुसार, मंदिर में मूर्ति छप्पन विनायकों के समूह का हिस्सा है।

35

श्री चतुरदंत विनायक

चतुरदंत विनायक (35-5), नई सड़क पर स्थित सनातन धर्म स्कूल के मंदिर के बाहर अपनी अद्वितीय मूर्ति के लिए प्रसिद्ध है। काशी खंड के अनुसार, यह विनायक कूणिताक्ष के उत्तर-पूर्व में स्थित है और इसे देखने मात्र से ही कई बाधाएं दूर हो जाती हैं। इस मूर्ति की विशेषता इसके चार हाथ हैं, जो इसे विशिष्ट बनाते हैं। मूर्ति के सिर पर मुकुट है और इसके कान त्रिकोणाकार और छोटे हैं। चतुरदंत विनायक की आंखें बंद हैं और इसका टोर्सो स्पष्ट दिखाई देता है। मूर्ति के नीचे के हाथ ध्यान की मुद्रा में घुटनों पर आराम करते हैं, जिससे यह प्रतीत होता है कि वह माला पकड़े हुए है। हालांकि, इसकी सतह की कठोरता के कारण इसके अन्य आभूषणों की पहचान करना मुश्किल है। मूर्ति के बेस पर एक चूहे की अस्पष्ट सीर की पहचान की जा सकती है। इस विनायक का उल्लेख विभिन्न प्राचीन ग्रंथों में भी है, जिससे इसकी महत्वपूर्णता और भी बढ़ जाती है। यह मूर्ति अपनी विशेषताओं और अद्वितीयता के कारण तीसरे काल में वर्गीकृत की गई है।

36

श्री द्विमुख विनायक

द्विमुख विनायक (36-5) की मूर्ति सूर्य कुण्ड के पास एक मंदिर की दीवार में स्थापित है। यह विनायक दो मुखों वाला है, जिसकी ऊँचाई चालीस सेंटीमीटर से अधिक नहीं है और यह क्षतिग्रस्त अवस्था में है। दोनों चेहरे स्पष्ट नहीं हैं, लेकिन दोनों ओर के हाथियों के दांत इसे द्विमुखी होने का संकेत देते हैं। मूर्ति मुकुट पहने हुए है और पद्मासन में बैठी हुई है, इसके चार हाथों में से तीन स्पष्ट हैं और यह ध्यान मुद्रा में प्रतीत होती है। यह विनायक की प्रतिमा छठी या सत्रहवीं सदी के आसपास की मानी जाती है, जो इसे एक ऐतिहासिक और धार्मिक महत्व का विनायक बनाती है।

37

श्री ज्येष्ठ विनायक

ज्येष्ठ विनायक (37-5), जिसे 'सर्वश्रेष्ठ' और 'सबसे बड़ा' के रूप में जाना जाता है, जो काशीपुर के ज्येष्ठेश्वर मंदिर में स्थित है। यह मूर्ति टोपी जैसा एक मुकुट पहने हुए है, त्रिभंग अवस्था में खड़ी है और इसकी सूँढ़ दाईं ओर मुड़ी हुई है। इस मूर्ति में केवल दो हाथ हैं, जिनमें से एक मोदक पकड़े हुए है। यह चालीस सेंटीमीटर ऊंची है और इस पर चमकदार रंगों की पेंटिंग की गई है, जो इसे एक आधुनिक रूप देती है। हालांकि, इसकी त्रिभंग अवस्था, दो हाथ, और गद्दे पर आधारित होना इसे एक पुरानी मूर्ति के रूप में प्रस्तुत करता है। धूबेला म्यूजियम में समान मूर्ति के आधार पर, इसे दसवीं सदी के आसपास की मानी जाती है। इसकी प्राचीनता की पुष्टि कई विद्वानों द्वारा की गई है।

38

श्री गज विनायक

गज विनायक (38-5), जिसका नाम 'हाथी विनायक' से जाना जाता है, भरभूतेश्वर मंदिर, राजा दरवाजा क्षेत्र में स्थित है। काशी खंड के अनुसार, इस विनायक की पूजा से हाथी में वृद्धि होती है। यह विनायक त्रिस्थलिसेतु, तीर्थप्रकाश और मेरुतंत्र में भी उल्लिखित है। मूर्ति की ऊंचाई पैंतालीस सेंटीमीटर है और यह क्षतिग्रस्त अवस्था में है। मूर्ति की सूँड़ बाएं ओर मुड़ी हुई है और इस पर सिंदूर पेंट की कई परतें लगी हुई हैं, जो इसे एक विशेष रूप देती हैं। विनायक के कान और आंखें इसकी मूर्तिकला की विशेषताएँ प्रस्तुत करते हैं। ऊपरी हाथ में यह अस्पष्ट है कि पाश जैसी कोई वस्तु पकड़ी हुई है या नहीं। इस विनायक की प्रतिमा को ठीक से तिथि देना कठिन है, लेकिन इसकी विशेषताएँ इसे एक प्राचीन दौर में ले जाती हैं, हालांकि, इसकी प्लास्टिसिटी की कमी इसे बाद के दौर में भी रख सकती है। इस प्रकार, गज विनायक की मूर्ति अपने आप में एक अद्वितीय विशेषता रखती है और तीसरे काल के रूप में इसकी पहचान की गई है। इसकी विशिष्टता और क्षतिग्रस्त स्थिति इसे अध्ययन और पूजा का एक दिलचस्प विषय बनाती है, जिससे यह काशी की धार्मिक और सांस्कृतिक परंपरा में एक महत्वपूर्ण स्थान रखता है।

39

श्री काला विनायक

काला विनायक (39-5), जो रामा घाट के सीढ़ियों के पास एक पेड़ के नीचे स्थित है, साठ सेंटीमीटर ऊंची एक मूर्ति है जो अंधकार से न डरने का साहस प्रदान करती है। इस विनायक का महत्व काशी खंड में बताया गया है, जिसके अनुसार यह पिचिंदिल विनायक के दक्षिण में स्थित है। इसकी मूल स्थिति प्रह्लाद घाट और गोला घाट के बीच में होने की संभावना जताई गई है, हालांकि वर्तमान स्थान पर इसे स्थानांतरित किया गया है। काला विनायक की प्रतिमा त्रिभंग अवस्था में खड़ी है, बिना कुला के लेकिन एक ऊपरी टॉपनॉट के साथ। इसका सिर हाथी के समान बना है, मस्तक थोड़ा बाहर निकला हुआ है, और सूंड़ बाईं ओर मुड़ी हुई है। इसके दो हाथ हैं जिनमें से बाईं ओर एक मोदक पकड़ा हुआ है। इसके टोटे छोटे और गुस्सैल दिखते हैं, और इसके कान बड़े और पंखों की आकार के हैं। इसकी प्रतिमा को नौवीं या दसवीं सदी के आस-पास का माना जाता है, जिसे पहले काल का एक हिस्सा माना गया है। यह विनायक अपनी मूर्तिकला की विशिष्टता और काशी की धार्मिक संस्कृति में अपने महत्व के कारण विशेष माना जाता है।

40

श्री नागेश विनायक

नागेश विनायक (40-5) की मूर्ति भोंसला घाट पर स्थित नागेश्वर मंदिर में है, जिसके बारे में काशी खंड में कहा गया है कि भक्त को नागलोक में नागेश गणपति का दर्शन करके सत्कार किया जाता है। मूल रूप से यह मंदिर शायद, नागेश तीर्थ में थे, जो अब मेहता घाट है। वर्तमान में स्थित मंदिर छोटा संरचना है जिसका अतीत में बहुत महत्व रहा होगा। मूर्ति चालीस सेंटीमीटर ऊंची है और इसमें फूलों के पंखों की तरह दिखने वाले मुकुट, मस्तक के चारों और मोतीयों का माला, हाथी के सिर जैसे मस्तक और दाएं ओर मुड़ी हुई सूंड जैसी विशेषताएं हैं। इसका दायां हाथ निचले हिस्से में मोदक को छूता है और ऊपरी दाएं हाथ में कुलास है। बाएँ हाथ में कुमुदिनी फूल और मोदक पात्र है। पेट पर नागयज्ञोपवीत है और इसके आंखें पंखों की आकार की हैं। इस मूर्ति में कोई अन्य आभूषण नहीं हैं। इस प्रतिमा की विशेषताएँ और इसे आठवीं या नौवीं सदी की बताती हैं, जो इसकी प्राचीनता और धार्मिक महत्व को दर्शाती हैं। नागेश विनायक का मंदिर और मूर्ति काशी की धार्मिक परंपरा में एक महत्वपूर्ण स्थान रखते हैं, जो भक्तों को नागलोक के दर्शन और आशीर्वाद प्रदान करते हैं।

छठवें आवरण का आठ विनायक

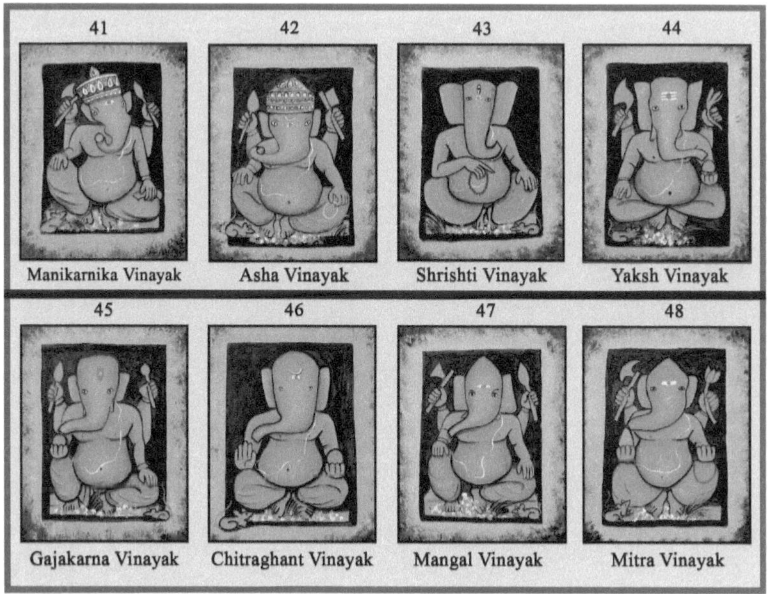

41

श्री मणिकर्णिका विनायक

मणिकर्णिका विनायक (41-6), जिसका नाम मणिकर्णिका घाट के पास स्थिति से प्रेरित है, जो आसपास के एक मंदिर में स्थित है जो घाट के लिए लकड़ी रखने की जगह के पास है। काशी खंड के अनुसार, मणिकर्णिका विनायक पूर्व में बाधाओं का नाशक है। इसका उल्लेख त्रिस्थलिसेतु और तीर्थप्रकाश में किया गया है, लेकिन मेरुतंत्र में इसे नहीं जोड़ा गया है। प्रतिमा एक मीटर ऊंची है और एक चांदी की मुकुट पहनती है। सूँड दाएं ओर मोड़ी गई है और उसके चार हाथ हैं जिनमें ऊपरी दाएं हाथ में कुलंग और ऊपरी बाएं हाथ में कमल का फूल है। निचले हाथों में से एक घुटने पर है और दूसरा ताल पत्रिका पकड़ा हुआ है। इस विनायक की प्रतिमा ललितासन में बैठी है और पैरों पर कंगन पहने हुए हैं। इसकी तारीख 18वीं सदी से पहले की मानी जाती है, जो इसकी मसूह की उपस्थिति और पीछे के हाथों के अलग होने से प्रमाणित होती है।

42

श्री आशा विनायक

आशा विनायक (42-6), जिसकी प्रतिमा मीर घाट पर स्थित हनुमान मंदिर के पीछे है, भक्तों की आशाओं और इच्छाओं को पूरा करने के लिए प्रसिद्ध है। इस विनायक का नाम उसके इसी कार्य को दर्शाता है। इसकी मूर्ति लगभग एक मीटर ऊंची है और इसे विशेष रूप से ललितासन स्थिति में दर्शाया गया है। मूर्ति पर सोने की एक चंद्रबिंदु और संभवतः एक अलग करने लायक चांदी का मुकुट भी है। इस विनायक के चार हाथ हैं, जिनमें से ऊपरी दाएं हाथ में संभवतः कुलंग या एक सौंदर्यिक कमल का फूल है, जबकि नीचे के बाएं हाथ के स्पष्ट विवरण नहीं हैं। इसकी सतह पर सिंदूर की कई परतें हैं, जिससे इसकी विशेषताओं की पहचान मुश्किल हो जाती है। आशा विनायक की मूर्ति पर यज्ञोपवीत या अन्य आभूषणों के संकेत नहीं हैं, लेकिन खास मौकों पर इसे विशेष धोती और यज्ञोपवीत से सजाया जाता है। इसकी ऊंचाई और सूँड की मुड़ती दिशा इसे आधुनिक काल की मूर्ति बताते हैं, यानि यह नौवीं या बीसवीं सदी की हो सकती है। आशा विनायक बनारस के धार्मिक जीवन में एक प्रमुख स्थान रखता है, और इसकी पूजा भक्तों द्वारा उनकी आशाओं और इच्छाओं की पूर्ति के लिए की जाती है।

43

श्री सृष्टि विनायक

सृष्टि विनायक (43-6), जिसकी छोटी मूर्ति कालिका गली में एक दीवार में स्थापित है, निर्माण और नाश के प्रतीक के रूप में उल्लिखित है। इसका मंदिर हमेशा बंद रहता है, और 1997 में इसके नीचे एक संगमरमर की पट्टिका जोड़ी गई जिसमें हनुमान के प्रति एक स्तवन लिखा गया था। इस वजह से लोग अक्सर इस लाल चेहरे को हनुमान भगवान समझ लेते हैं। काशी खंड में इस विनायक को दक्षिण में स्थित बताया गया है। यह मूर्ति पैंतालीस सेंटीमीटर ऊंची है, लेकिन इसके चेहरे के अलावा बाकी सब कुछ छिपा हुआ है। सृष्टि विनायक के माथे पर एक बड़ा तीसरा नेत्र है और सूँड बाएं ओर मोड़ी गई है। इसके कान अनुपात से बड़े हैं और शरीर के दाएँ हाथ की ओर एक हाथ था जो पेट की ओर लटका हुआ था, लेकिन अन्य हाथ या हाथ अस्पष्ट हैं। इस मूर्ति की धुंधली चेहरे की वजह से इसकी तारीख निर्धारित करना कठिन है, और इसे विशेष तिथि नहीं दी जा सकती है। इस विनायक के बारे में विशेष जानकारी की कमी के बावजूद, यह काशी खंड में उल्लेखित है और इसकी भौतिक स्थिति और आध्यात्मिक महत्व इसे वाराणसी के धार्मिक परिदृश्य में एक रोचक स्थान प्रदान करते हैं।

44

श्री यक्ष विनायक

यक्ष विनायक (44-6) - बनारस में कई यक्ष विनायक हैं, परन्तु विशेष रूप से उल्लिखित यह यक्ष विनायक कोतवालपुरा क्षेत्र में स्थित है। इस विनायक को सभी बाधाओं का नाशक बताया गया है और इसका नाम विभिन्न प्राचीन ग्रंथों में आया है। इस मूर्ति की ऊंचाई लगभग अठाईस सेंटीमीटर है और इसमें पहले और दूसरे काल की विशेषताएँ हैं। इसके सिर पर टोपी नहीं है और सूँड बाएं ओर मोड़ी गई है, जो नीचे बाएं हाथ में पकड़े मिठाई को छूता है। कान पंखों की आकार के हैं और इसकी आँखें बड़ी हैं। यह विनायक ललितासन स्थिति में बैठा हुआ है और इसके निचले दाएं हाथ को घुटने पर आराम है। मूर्ति की चिकनी सतह पर कोई यज्ञोपवीत या अन्य आभूषण नहीं है, जो इसकी प्राचीनता को दर्शाता है। यह मूर्ति अपने समय के संक्रांतिक कौशल को दर्शाती है और इसकी विशेषताएँ इसे पहले के समय की एक महत्वपूर्ण कृति बनाती हैं।

45

श्री गजकर्ण विनायक

गजकर्ण विनायक (45-6) - 'हाथी कान वाला विनायक' के नाम से प्रसिद्ध गजकर्ण विनायक, बनारस के कोतवालपुरा क्षेत्र में ईश्वर मंदिर के पीछे स्थित है। काशी खंड के अनुसार, यह विनायक सभी के लिए कल्याण का कारण है और इसका उल्लेख प्राचीन ग्रंथों में भी मिलता है। इस मूर्ति की ऊंचाई पच्चीस सेंटीमीटर है, और इसकी विशेषताएं इसे अनूठा बनाती हैं। इसका सिर हाथी की तरह है जिसमें सूँड और दो छोटे दांत हैं। गजकर्ण विनायक त्रिभंग स्थिति में खड़ा है, एक हाथ में सूर्य पर्णक के रूप में फूल पकड़े हुए और दूसरा हाथ गद्दे पर आधारित है। इसके पैरों के बीच धोती की लहरें दिखाई देती हैं, जो इसकी शैली को पहले दौर का बताती हैं। इस मूर्ति में यज्ञोपवीत या अन्य आभूषण नहीं हैं, जो इसकी प्राचीनता को और भी बढ़ाता है। गजकर्ण विनायक की विशेषताएं और स्थिति इसे बनारस के धार्मिक जीवन में एक महत्वपूर्ण कृति बनाती हैं, जिसे लक्ष्मी और सूर्य कुंड के आसपास पाए जाने वाले मंदिरों के समान माना जा सकता है। इस मूर्ति की शैली और प्रतिष्ठान इसे पहले काल की एक उत्कृष्ट कृति के रूप में प्रदर्शित करते हैं।

46

श्री चित्रघन्टा विनायक

चित्रघन्टा विनायक(46-6) के स्थान को लेकर संशय है, जिसके दो संभावित स्थलों का उल्लेख सुकुल और व्यास द्वारा किया गया है:

एक रानी कुआ क्षेत्र में चित्रघन्टी देवी के मंदिर के पास और दूसरा चाँदनी चौक में। काशी खंड के अनुसार, चित्रघन्टा विनायक नगर की उत्तर-पश्चिम में स्थित है और उसका उल्लेख त्रिस्थलिसेतु, तीर्थप्रकाश और मेरुतंत्र में भी मिलता है। पहला स्थान एक सड़क किनारे का मंदिर है जिसका दरवाजा हमेशा बंद रहता है और मूर्ति सिर्फ एक सिंदूर के ढेर के सिवाय कुछ नहीं है। दूसरा स्थान एक श्रृंगार मंदिर में है, जहाँ मूर्ति की ऊंचाई चालीस सेंटीमीटर है और इसे देखना कठिन है। सिर ऊंचा और गोल है, सूँड बाहर की ओर उभरता है, और मूर्ति के आकार अस्पष्ट हैं। सूँड की स्थिति और अस्पष्ट आकार इस मूर्ति को आधुनिक अवधि में रखते हैं। कुछ लोगों का मानना है कि यह विनायक स्थूलजंघा (मित्र) विनायक है, जो इसकी प्राचीनता और महत्व को दर्शाता है।

47

श्री मंगल विनायक

मंगला विनायक (47-5) की मूर्ति बाल घाट के पास मंगला गौरी मंदिर में स्थित है, जो उत्तर-पूर्वी कोने में नगर के पालन और संरक्षण का कार्य करती है। इस विनायक का वर्णन काशी खंड, त्रिस्थलीसेतु, और तीर्थप्रकाश में किया गया है, जबकि मेरुतंत्र में इसका उल्लेख नहीं है।

मंदिर में मूर्ति देवी मूर्ति के पीछे खड़ी दिखती है और प्रवेश करते समय सीधे दृष्टिगोचर नहीं होती है। इसकी स्थिति के कारण, मूर्ति के फोटोग्राफी करना कठिन है। मंगला गौरी मंदिर, जो बीसवीं सदी के आरंभ तक मंगला गौरी घाट के नाम से जाना जाता था, बाल घाट पर सबसे पुराना मंदिर है। इसकी प्रसिद्धि और महत्व मध्यकालीन काल से है।

मंगला विनायक की मूर्ति के बारे में अनिश्चितता है कि क्या यह हमेशा मंगला विनायक के रूप में पूजी जाती थी और इसका स्थान मंगला गौरी मंदिर में है या आत्मविरेश्वर मंदिर में। आत्मवीरेश्वर मंदिर में विनायक मित्र विनायक के नाम से जाना जाता है।

मंगला विनायक मूर्ति लगभग चालीस सेंटीमीटर ऊँची है और ललितासन में है। इसके सिर पर एक ऊंचा चोटी है और आंखें आधुनिक समय में जोड़ी गई प्रतीत होती हैं। मूर्ति के कान अब दृश्यमान नहीं हैं और संभवतः पृष्ठभूमि के पत्थर में विलीन हो गए हैं। उसकी सूंघ बाएं ओर मुड़ी हुई है और एक बड़े पेट के ऊपर लटकती है।

मूर्ति में प्रारंभिक चार हाथ थे, जिनमें से बाईं ऊपरी बांह अब गायब है और दाएं ऊपरी हाथ में कुल्हाड़ी है। नीचे के दोनों हाथ घुटनों पर आराम करते हैं। इस मूर्ति में लचीलापन या प्लास्टिसिटी की कमी है और कोई यज्ञोपवीत या आभूषण नहीं दिखाई देते। इसकी संरचना और शैली से लगता है कि यह मूर्ति सोलहवीं या सत्रहवीं सदी की हो सकती है, जिससे इसे तीसरे काल में रखा जा सकता है।

48

श्री मित्र विनायक

मित्र विनायक (48-6) की स्थिति और पहचान के बारे में बहुत अस्पष्टता है। काशी खंड में इन्हें छठे चक्र में आठवें विनायक के बाद उल्लेखित किया गया है, जो कुल विनायकों की संख्या को 57 तक ले जाता है। कुछ आधुनिक विवरणों में, मित्र विनायक का नाम स्थूलजंघ विनायक के स्थान पर आता है। इनका वर्तमान स्थान सिंधिया घाट पर आत्मवीरेश्वर मंदिर के पास मणिकर्णिका देवी के निकट बताया गया है।

काशी खंड के अनुसार, मित्र विनायक ईशा नगर की रक्षा करते हैं और उन्हें यम तीर्थ के उत्तर में पूजा जाना चाहिए।

मित्र विनायक के बारे में विभिन्न गाइडबुक्स में विवाद है, कुछ में इनका उल्लेख है जबकि अन्य में नहीं। इस विनायक का स्थान और महत्व काशी खंड के टेक्स्ट के साथ मेल खाता है, जो मणिकर्णिका के पास यम तीर्थ के उत्तर में स्थित है।

मेरुतंत्र में इस विनायक का उल्लेख है, लेकिन त्रिस्थलीसेतु और तीर्थप्रकाश में नहीं, जिससे यह संकेत मिलता है कि सोलहवीं और सत्रहवीं सदी में मित्र और मंगला विनायक के बीच भ्रम रहा होगा।

मित्र विनायक की मूर्ति की ऊँचाई लगभग एक मीटर है और इसकी सतह कठिन और निर्मित प्रतीत होती है। सर के बालों को बांधा हुआ है और उनकी आँखें भारी हैं। वे ललितासन में बैठे हैं और उनकी सूँघ दाएं ओर मोड़ती है, मोदकों को छूती

है। उनके चार हाथ हैं, जिनमें से ऊपरी दाएं हाथ में पाश है, और ऊपरी बाएं हाथ में कमल का फूल है।

निचला बाएं हाथ घुटने पर आराम करता है और एक अक्षमाला पकड़ता है। उनके पैरों पर कड़ी बालियां होती हैं और वे एक संरचना पर बैठे होते हैं, जिसके पास एक छोटी मूस होती है। इस मूर्ति की अनियमित सतह के बावजूद, इसे आठवीं सदी से पहले की तारीख नहीं दी जा सकती है।

छठवें आवरण का आठ विनायक

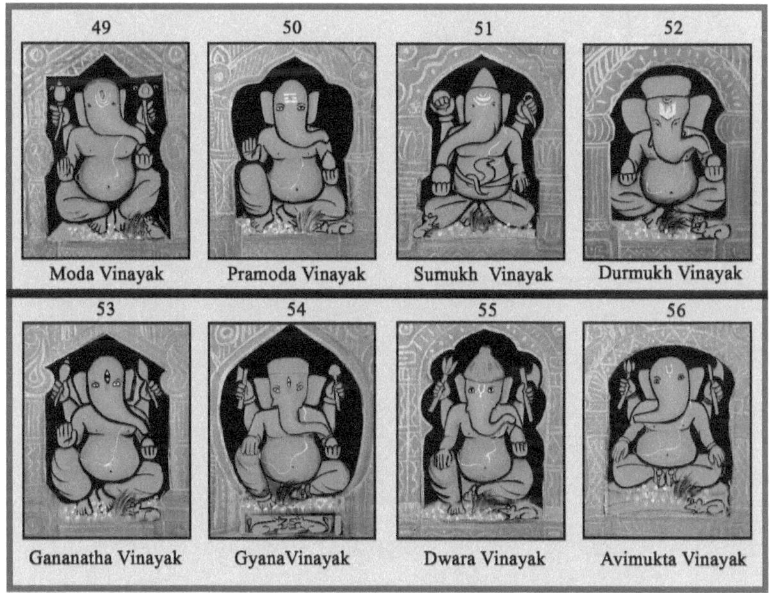

49	50	51	52
Moda Vinayak	Pramoda Vinayak	Sumukh Vinayak	Durmukh Vinayak
53	54	55	56
Gananatha Vinayak	GyanaVinayak	Dwara Vinayak	Avimukta Vinayak

49

श्री मोद विनायक

मोद विनायक (49-7), जिसका अर्थ है "आनंद का विनायक," नेपाली खप्रा के मंदिर में स्थित है, जिसका पता सी.के. 31/12 है। इस तीस सेंटीमीटर ऊंची मूर्ति की फोटोग्राफी की अनुमति नहीं दी गई, क्योंकि यह दीवार में स्थापित है। मोदा विनायक की विशेषताएँ काफी अनूठी हैं, जैसे कि उसके माथे पर बिना चुनी वाली बड़ी बिन्दु में एक क्रेसेंट मून की आकार की उकेरी गई है। कान का अब कोई निशान नहीं है, जो संकेत देता है कि शायद वे सिर के पीछे थे और अब पीछे के पत्थर में मिल गए हैं। सूंड लगभग नब्बे डिग्री के कोण पर बाएं ओर मुड़ता है, जिससे यह संकेत मिलता है कि यह शायद एक मोदक पात्र को छू रहा हो।

मूर्ति में मूल रूप से चार हाथ हो सकते थे, लेकिन अब केवल दो ही दिखाई देते हैं और वे किसी भी प्रकार के गुणों का प्रदर्शन नहीं करते हैं। मोद विनायक के पैरों की स्थिति इंगित करती है कि वह ललितासन में हैं। मूर्ति पर आभूषण या यज्ञोपवीत के कोई संकेत नहीं हैं। पांच विनायकों का यह समूह मोद विनायकों के रूप में जाना जाता है, जिससे यह संकेत मिलता है कि मोद विनायक समूह में पहला और सबसे महत्वपूर्ण विनायक हैं। इस विनायक की विशेषताएँ और स्थान उसे अन्य विनायकों से विशिष्ट बनाती हैं, और उसका महत्व आनंद के देवता के रूप में उल्लिखित है।

50

श्री प्रमोद विनायक

प्रमोद विनायक (50-7), जिसे "अत्यंत आनंद वाला विनायक" कहा जाता है, नेपाली खप्रा में, विशेष रूप से C.K. 31/16 पर स्थित है, जो 'मोदा विनायक' के स्थान के निकट है। मूर्ति की विशेषताएं असामान्य हैं, जिसमें सूँड का अभाव और माथे पर तीन धार्मिक चिह्नों की उपस्थिति शामिल है।

इसके पैर ललितासन में हैं और मूर्ति की ऊंचाई पचास सेंटीमीटर है। संभावना है कि इसमें मूल रूप से चार हाथ थे, लेकिन सटीक विवरण देना कठिन है।

इस मूर्ति की पृष्ठभूमि और इतिहास में दिलचस्पी लेने वाली बात यह है कि यह मूल रूप से एक राक्षस या किसी अन्य पौराणिक गण की मूर्ति रही होगी, जिसे मुघल काल के बाद विनायक के रूप में स्वीकार किया गया। इसकी असामान्य स्थिति और सूँड का अभाव इसकी अनूठी पहचान को दर्शाता है।

दुकान के मालिकों के अनुसार, इस मूर्ति को छूने की प्रथा परंपरागत रूप से निषिद्ध थी, जो इसके महत्व को और बढ़ाती है।

विश्वनाथ मंदिर के निकटता और औरंगजेब द्वारा उसके विध्वंस के संदर्भ में इसकी स्थापना की गई हो सकती है, जो इतिहास के एक तूफानी काल को दर्शाती है। मुघल काल के दौरान या उसके बाद इस मूर्ति को अपनी वर्तमान स्थिति में स्थापित किया गया होगा, जिससे इसकी मौजूदा पहचान और अधिक रहस्यमय हो जाती है।

इसकी अजीब आकृति और सूँड के अभाव से यह संकेत मिलता है कि इसे मूल रूप से एक अलग चित्र में दर्शाया गया था, जो बाद में विनायक के रूप में स्वीकार्य हो गया।

51

श्री सुमुख विनायक

सुमुख विनायक (51-7), जिसे 'सुंदर चेहरे वाले विनायक' के रूप में जाना जाता है, वाराणसी में सी.के. 35/7 घर के निकट स्थित है, लगभग दुरमुख विनायक के सामने। यह मूर्ति लगभग एक मीटर ऊंची है और इसमें एक आकर्षक, दोस्ताना चेहरा है।

मूर्ति के बढ़े हुए माथे पर मुकुट होने का संकेत मिलता है। इसके सूंड और मस्तक कुछ हद तक उभरे हुए हैं, जिससे इसकी आकर्षक उपस्थिति में वृद्धि होती है। सूंड बाईं ओर मुड़ता है, जिससे यह एक मिठाई को स्पर्श करता है, और इसके साथ दो छोटे दांत भी दिखाई देते हैं।

मूर्ति के कान बड़े और चौकोर होते हैं। इसके पास केवल दो हाथ प्रतीत होते हैं, जो कि दाईं ओर कोई ऊपरी हड्डी का संकेत नहीं देते। दाहिना हाथ घुटने पर आराम करता है या एक गोल वस्तु, संभवतः मोदक या अनार पकड़ता है।

यह मूर्ति ललितासन में बैठी हुई है, जिसमें यज्ञोपवीत या अन्य आभूषणों के कोई संकेत नहीं हैं, जो इसकी रूखी सतह के कारण हो सकता है।

केवल दो हाथों की उपस्थिति इस बात का संकेत दे सकती है कि यह मूर्ति किसी प्राचीन काल की हो सकती है, लेकिन इसकी लचकने की कमी और सूंड के मुड़ने के विशेष कोण के कारण इसे तेरहवीं या चौदहवीं सदी में रखा गया है। इस प्रकार, सुमुख विनायक की मूर्ति को दूसरे काल के लिए आवंटित किया गया है, जो उत्तर

और दक्षिण भारतीय कलात्मक परंपराओं के मिश्रण को दर्शाती है।

यह वाराणसी की धार्मिक और कलात्मक संस्कृति में एक अनूठी पहचान बनाती है, जो इसके विविध ऐतिहासिक परिदृश्य को समृद्ध करती है।

और दक्षिण भारतीय कलात्मक परंपराओं के मिश्रण को दर्शाती है।

यह वाराणसी की धार्मिक और कलात्मक संस्कृति में एक अनूठी पहचान बनाती है, जो इसके विविध ऐतिहासिक परिदृश्य को समृद्ध करती है।

52

श्री दुर्मुख विनायक

दुर्मुख विनायक (52-7), जिसकी मूर्ति वाराणसी में सी.के. 35/7 घर संख्या में स्थित है, लगभग एक मीटर ऊंची है। यह मूर्ति दक्षिण भारतीय शैली के मुकुट से सुसज्जित है, जो तिरुत्तनी और तिरुनारायुर के गणेश प्रतिमाओं में देखे जाने वाले शंकु आकार के मुकुट के समान है। इसके कान छोटे हैं और बहुत कम दिखाई देते हैं।

सूँड विशेष रूप से चौड़ी है, जो दाईं ओर एक मिठाई के कटोरे की दिशा में मुड़ी हुई है। इसका दाहिना हाथ एक गोल वस्तु को पकड़े हुए है, जो अनार या मोदक हो सकती है। बाईं ओर का हाथ माला पकड़े हुए है, जबकि उसके आभूषण स्पष्ट नहीं हैं। पेट पर नाग यज्ञोपवीता भी दिखाई देती है।

इसकी बैठने की मुद्रा ललितासन है, लेकिन पैर शरीर की तुलना में बहुत पतले और अवास्तविक प्रतीत होते हैं। इस मूर्ति का आकार और शैली इसे हाल के समय, शायद अठारहवीं शताब्दी का बताती है।

सका दक्षिण भारतीय मुकुट उत्तर भारत में दुर्लभ है और नौवीं या दसवीं शताब्दी की कोला प्रतिमाओं से जुड़ा हुआ है, जो इस बात का संकेत देता है कि यह मूर्ति दक्षिण भारतीय कला-कार द्वारा बनाई गई थी, जो मुघल काल के पतन के बाद वाराणसी आया होगा। इसका अनूठा रूप इस तथ्य से समझाया जा सकता है कि कलाकार के पास दक्षिण भारत से कोई उचित उदाहरण नहीं था, जिसके कारण

यह अनोखी प्रतिमा तैयार हुई।

इस प्रकार, दुरमुख विनायक की मूर्ति वाराणसी के धार्मिक और कलात्मक परिदृश्य में एक अद्वितीय योगदान प्रदान करती है, जिसमें दक्षिण भारतीय और उत्तर भारतीय कलात्मक परंपराओं का मिश्रण दिखाई देता है।

53

श्री गणनाथ विनायक

गणनाथ विनायक (53-7), जिसे 'गणों का नेता' कहा जाता है, वाराणसी के ढूँढीराज गली में स्थित है। इसकी मूर्ति की ऊँचाई लगभग तीस सेंटीमीटर है, और यह हमेशा कपड़े से ढकी रहती है, जिसके कारण इसके पूरे विवरण की जानकारी प्राप्त करना कठिन है।

मूर्ति के माथे पर एक तीसरी आँख है, और इसका सूंड बाएं ओर मुड़ता है, जिसके संकेत मिलते हैं कि यह संभवतः मोदक पात्र को छूता है। पंडित ने सूचित किया है कि विनायक को ललितासन में प्रतिष्ठित किया गया है।

इस मूर्ति की विशेषताएँ इसकी उम्र को सत्रहवीं सदी से पहले नहीं बताती हैं। ये विनायक पांच-विनायक अवधारणा का हिस्सा हो सकते हैं, जिसे बारहवीं सदी में लक्ष्मीधर द्वारा उल्लिखित किया गया था। काशी खंड में इन्हें 'पांच मोद विनायकों' के रूप में एक एकता के रूप में माना गया है।

हालाँकि, काशी खंड इन विनायकों की भौगोलिक स्थिति के बारे में कोई विवरण नहीं देता। विश्वनाथ मंदिर के बहुत करीब उनके संरेखण का सूचित करना यह बताता है कि उनकी दिशा के संबंध में स्पष्टता की कमी थी। शायद काशी खंड के रचना के समय वे अभी भी एक समूह के रूप में मौजूद थे।

मध्यकालीन काल की राजनीतिक अशांतियों के कारण, इन विनायकों की स्टाइल या काल में कोई समानता नहीं है और संभवतः उन्हें मुघल साम्राज्य के पतन के

बाद उनके वर्तमान स्थान पर रखा गया था।

इस प्रकार, गणनाथ विनायक का अस्तित्व और उसकी स्थिति वाराणसी के धार्मिक इतिहास में एक दिलचस्प पहेली प्रस्तुत करती है, जो इसके विविध ऐतिहासिक और सांस्कृतिक परिदृश्य को और अधिक समृद्ध बनाती है।

54

श्री ज्ञान विनायक

ज्ञान विनायक (54-7), जिसे 'ज्ञान का विनायक' कहा जाता है, विशाल मंडप के दक्षिणी किनारे पर स्थित है, जिसके नीचे प्रसिद्ध ज्ञान वापी कुआं है। इस मूर्ति की ऊँचाई एक मीटर बीस सेंटीमीटर है, और इसके माथे पर तीन आंखें चित्रित की गई हैं।

मूर्ति का चेहरा हाथी के सिर की तरह दिखता है, जिसमें एक ओर छोटा दांत और दूसरी ओर कोई दांत नहीं है। सूंड बाएं ओर मुड़ता है और मिठाई के कटोरे को छूता है।

मूर्ति के बाएं हाथ में एक फूल है जो सूर्य का प्रतीक है, और दाहिने हाथ में कुल्हाड़ी है। नीचे का दायां हाथ घुटने पर आराम से बैठा है और माला को मजबूती से पकड़े हुए है।

इसके पैरों में चूड़ियाँ हैं और यह ललितासन मुद्रा में बैठा है। मूर्ति के बगल में यज्ञोपवीत है और इसके बड़े कान इसकी सुंदरता को बढ़ाते हैं। मूर्ति के आधार पर दो चूहे हैं जो आपस में मुखामुखी हैं। इस मूर्ति की विशेषताएँ और आकार इसे हाल ही में, शायद बीसवीं सदी में स्थापित होने का संकेत देते हैं।

काशी खंड में इस विनायक के भौगोलिक सबूत का उल्लेख नहीं है, लेकिन इसका नाम और स्थिति ज्ञान वापी कुआं के निकट होने से इसके महत्व को स्पष्ट करते हैं। ज्ञान वापी कुआं की महिमा का काशी खंड में विस्तार से वर्णन है, जिससे इस

विनायक की ज्ञान से जुड़ी पारंपरिक भूमिका को बल मिलता है।

यह विनायक न केवल ज्ञान की गहराई का प्रतीक है बल्कि वाराणसी के धार्मिक और सांस्कृतिक परिदृश्य में एक विशेष स्थान रखता है।

55

श्री द्वार विनायक

द्वार विनायक (55-7), जिसे 'द्वार का विनायक' भी कहा जाता है, इसके उपस्थिति के लिए सुकुल और व्यास ने दो संभावित स्थल सुझाए हैं। पहला स्थल विश्वनाथ मंदिर के पास पांच पाण्डव मंदिर में है, जहाँ मूर्ति अत्यधिक क्षतिग्रस्त है और केवल शरीर बचा है।

दूसरा स्थल, जवा विनायक मंदिर के पास, माणिकर्णिका घाट की ओर जाने के दौरान द्वार विनायक मंदिर के पास स्थित है। काशी खंड में इसे 'महाद्वार के सामने' स्थित बताया गया है, जो इसे मंदिर के द्वार के सामने या शहर के दरवाजे के सामने स्थित होने का संकेत देता है।

सुकुल और व्यास के अनुसार, द्वार विनायक की मूर्ति की एक विशेषता इसका भारीदार सिर है, जो संभवत: पहले जटा से युक्त था। सूंड बाएं ओर मोदक पात्र में मुड़ता है और इसके बाएं हाथ में अज्ञात वस्तु है।

उसके ऊपरी बाएं हाथ में कुल्हाड़ी है और निचला हाथ घुटने पर आराम करता है, शायद एक अक्षमाला पकड़े हुए। मूर्ति एकदंत है और ललितासन में बैठी है।

मूर्ति की सतह की कठोरता के कारण इसकी तारीख निर्धारित करना कठिन है, लेकिन इसके शारीरिक अनुपात और विशेषताओं के आधार पर, इसे तेरहवीं या चौदहवीं सदी के दूसरे काल में सौंपा जाता है।

इस विनायक की स्थिति के बारे में स्पष्टता की कमी के बावजूद, इसका महत्व इसके नाम और स्थान से जुड़े पारंपरिक महत्व के कारण स्पष्ट होता है।

यह विनायक वाराणसी के धार्मिक और सांस्कृतिक परिदृश्य में एक विशेष स्थान रखता है, जो शहर के द्वार पर या महाद्वार के सामने रक्षा और संरक्षण का प्रतीक है।

56

श्री अविमुक्त विनायक

अविमुक्त विनायक (56-7) की मूर्ति विश्वनाथ मंदिर के प्रवेश द्वार के बाईं ओर स्थित है, लेकिन व्यास के अनुसार यह एक नई मूर्ति है। वास्तविक अविमुक्त विनायक, ज्ञानवापी मस्जिद के पीछे की कचरे में दिखाई देता है। भक्त अक्सर इस स्थान पर आदरणीय अविमुक्त विनायक की पूजा करते हैं।

काशी खंड के अनुसार, अविमुक्त विनायक मनों की सभी पीड़ा को हरता है। मूर्ति की क्षतिग्रस्त स्थिति के बावजूद, इसके सिर और सूँड अभी भी दिखाई देते हैं, जो इसे सोलहवीं या सत्रहवीं सदी की तारीख देते हैं।

द्वार विनायक के लिए दो स्थान सुझाए गए हैं: एक विश्वनाथ मंदिर के पास और दूसरा जवा विनायक मंदिर के पास। काशी खंड के अनुसार, यह महाद्वार के सामने स्थित है, लेकिन इसका सटीक स्थान स्पष्ट नहीं है। इस मूर्ति की विशेषताएँ और उसकी स्थिति इसे तेरहवीं या चौदहवीं सदी में रखती हैं।

गणनाथ विनायक, जिसे 'गणों का नेता' कहा जाता है, ढूँढीराज गली में स्थित है। इसकी मूर्ति हमेशा कपड़े से ढकी रहती है, जिससे इसके पूर्ण विवरण का पता लगाना कठिन है।

सूँड की दिखाई देने वाली स्थिति और संभावित ललितासन मुद्रा इसे सत्रहवीं सदी के पहले की मौजूदगी का अनुमान देते हैं।

ये विनाय कों की मूर्तियाँ वाराणसी के धार्मिक और सांस्कृतिक परिदृश्य में उनके महत्व और पारंपरिक स्थान को दर्शाती हैं, जिनमें से प्रत्येक की अपनी विशिष्ट कहानियाँ और परंपराएँ हैं।

ये विनाय कों की मूर्तियाँ वाराणसी के धार्मिक और सांस्कृतिक परिदृश्य में उनके महत्व और पारंपरिक स्थान को दर्शाती हैं, जिनमें से प्रत्येक की अपनी विशिष्ट कहानियाँ और परंपराएँ हैं।

काशी में छप्पन विनायकों का स्थान

पहला आवरण का आठ विनायक

1 - अर्कविनायक
लोलार्ककुण्ड के पास, म॰नं॰ 2/17 के सामने।

2 - दुर्गविनायक
8, दुर्गाकुण्ड के पूर्व कोने पर, म॰नं॰ 27/1 में।

3 - भीमचण्डविनायक
पंचक्रोशी भीमचण्डी के मंदिर में।

4 – देहलीविनायक
पंचक्रोशी भटौली गाँव में।

5 – उद्दंडविनायक
पंचक्रोशी रामेश्वर के पास, भुइली गाँव में।

6 – पाशपाणिविनायक
सदरबाजार से पश्चिम।

7 – खर्वविनायक
राजघाट किला में, आदिकेशव मार्ग पर।

8 - सिद्धविनायक
मणिकर्णिका कुण्ड के बगल से ऊपर सीढ़ी के, म॰नं॰ सी. के. 9/1 में।

द्वितीय आवरण का आठ विनायक

9 - लम्बोदर विनायक
केदारघाट के बगल में, लालीघाट पर|
दूसरे अवधगर्बी पर चिन्तामणि विनायक म नं बी-7/208 में

10 - कूटदन्तविनायक
कीनाराम का स्थल, कृमिकुण्ड पर, म०नं० बी. ३/३३५ में।

11 – शालकंटविनायक
मंड़ुआडीह तालाब के ऊपर|

12 – कूष्माण्डविनायक
फुलवरिया गाँव में।

13 – मुण्डविनायक
सदरबाजार, चंडीदेवी में, चंडीश्वर के पास।

14 – विकटद्विजविनायक
धूपचण्डी मुहाल, धूपचण्डी देवी में।

15 – राजपुत्रविनायक
राजघाट किला में, सड़क के बगल, म०नं० ए. ३७/४८ में।

16 - प्रणवविनायक
त्रिलोचनघाट हिरण्यगर्भेश्वर में।

༆

तृतीय आवरण का आठ विनायक

17 – वक्रतुण्डविनायका
लोहटिया, बड़ेगणेश में कूँए के पास, म०नं० के. 58/101 में।

18 – एकदंतविनायक
पीताम्बर पुरा केदार मार्ग, म० नं० 7/208, दूसरे बंगालीटोला,पुष्पदंतेश्वर म० नं० डी० 32/102 में

19- त्रिमुखविनायक
सिगरा का टीला, त्रिपुरांतकेश्वर, म० नं० डी० 59/95 में|

20- पंचास्यविनायक
पिशाचमोचन पर, म० नं० सी० 21/40 में|

21 – हेरम्बविनायक
पिशाचमोचन के पास, मलदहिया वाल्मीकि तिलापर, म० नं० सी० 21/14 में| दूसरे त्रिलोचन आदि महादेव के पर्वतीश्वर में|

22 – विघ्नराजविनायक
चित्रकूट के तालाब पर, म०नं० जे. 12/32 में।

23 – वरदविनायक
राजघाट पुरानी सड़क, प्रह्लादघाट म०नं० ए. 13/16 में।

24- मोदकप्रियविनायक
त्रिलोचन, आदिमहादेव के मंदिर में, म०नं० ए. 3/92 में।

◡

चतुर्थ आवरण का आठ विनायक
25 - अभयविनायक
दशाश्वमेध, शूलटंकेश्वर में, म॰ नं॰ डी. 17/111 के नीचे घाट पर।

26 – सिंहतुण्डविनायक
खालीसपुरा ब्रहमेश्वर में म॰नं॰ 33/66 में।

27 – कृणिताक्षविनायका
खालिसपुरा ब्रहमेश्वर में, म॰ नं॰ डी. ३३/६६ में। लक्ष्मीकुण्ड, पुरानी लक्ष्मी, म॰ नं॰ 52/38 में।

28 - क्षिप्रप्रसादविनायक
पितरकुण्डा, पित्रेश्वर महादेव में, म॰ नं॰ सी. 18/47 में ।

29 - चिन्तामणिविनायक
ईश्वरगंगी तालाब से पूर्व बाबू बाजार, म॰ नं॰ के. 56/42 में।

30 – दन्तहस्तविनायक
लोहटिया , बड़े गणेश में कुएं के पास, म॰ नं॰ के-58/101

31 – पीचंडिल विनायक
प्रहलाद घाट, वट वृक्ष के नीचे , फाटक के भीतर, म॰ नं॰ ए-10/80 में।

32 – उद्दंडमुंड विनायक
त्रिलोचन मंदिर, बरामदे के पास म॰ नं॰ 2/80 में।

पाँचवां आवरण का आठ विनायक

33 – स्थूलदन्तविनायक
मानमन्दिर, सोमेश्वर के द्वार पर म० नं० डी-16/34 में|

34 – कलिप्रियविनायक
साक्षी विनायक मार्ग पर, मन:प्रकामेश्वर मंदिर, म० नं० डी-10/50 में|

35 – चतुर्दन्तविनायक
नई सड़क, सनतानधर्म स्कूल म० नं० डी 49/10 में|

36 – द्विमुखविनायक
सूर्यकुण्ड सांबादित्य के पश्चिम, म० नं० डी-51/90 में|

37 – ज्येष्ठविनायक
काशीपुरा, ज्येष्ठेश्वर मंदिर में, म० नं० के० 62/144 में|

38 – गजविनायक
राजदरवाजा, भारभूतेश्वर के मंदिर, म० नं० 54/44 में|

39 – कालविनायक
रामघाट, सीढ़ी पर, पेड़ के नीचे म० नं० के 24/10 में|

40 - नागेशविनायक
भोंसलाघाट, नागेश्वर के मंदिर में, म० नं० के० 1/20 में|

छठवाँ आवरण का आठ विनायक

41 - मणिकर्णिकाविनायक
मणिकर्णिका, विश्वनाथ सिंह की लकड़ी के अड़ार के बगल में।

42 - आशाविनायक
मीरघाट, धर्मकूप के दक्षिण म० नं० डी० 2/15 में।

43 – सृष्टिविनायक
कलिकागली, म० नं० डी० 8/3 के बाहर।

44 - यक्षविनायक
कोतवालपुरा, रुद्रप्रयाग के म० नं० सी० के० 37/29 में।

45 - गजकर्णविनायक
कोतवालपुरा, इशानेश्वर म० नं० 37/43 में।

46 - चित्रघंटविनायक
चित्रघंटादेवी, म० नं० 23/34 में, दूसरे रानी कुआँ चाँदनीचौक, म० नं० सी के 23/25 में।

47 - मंगलविनायक
सिंधियाघाट के ऊपर, आत्मवीरेश्वर, म० नं० के० 24/34 में।

48 - मित्रविनायक
सिंधियाघाट के ऊपर, आत्मवीरेश्वर, म० नं० सी के 7/158 में।

☙

सातवाँ आवरण का आठ विनायक
49 - मोदविनायक
नैपालीखपड़ा, काशीकरवट, म० नं० सी. के. 31/12 में।

50 - प्रमोदविनायक
नैपालीखपड़ा, काशीकरवट, म० नं० सी. के. 31/16 में।

51 – सुमुखविनायक
नैपालीखपड़ा, काशीकरवट के मार्ग पर म० नं० सी. के. 34/60 में।

52 – दुर्मुखविनायक
नैपालीखपड़ा, काशीकरवट के मार्ग पर म० नं० सी. के. 35/7 में।

53 – गणनाथविनायक
ढूंढ राज गली म० नं० सी. के. 37/1 में।

54 - ज्ञानविनायक
ज्ञानवापी कूप के बगल में, मार्गपर।

55 - द्वारविनायक
स्वर्गद्वारेश्वर समीप जौविनायक सीढ़ी पर।

56 - अविमुक्तविनायक
प्राचीन मूर्ति लुप्त, देसरे ज्ञानवापी मस्जिद की दिवाल में पीछे लेटे हुए।

☙

संदर्भ और उद्धरण

इस पुस्तक को स्कंदपुराण एवं अन्य कई पुस्तकें एवं इंटरनेट पर विभिन्न वेबसाइटों, जिनमें विकिपीडिया भी शामिल है, का संदर्भ लेकर मूल्यवान जानकारी और डेटा एकत्रित करने के लिए बनाया गया है। ऑनलाइन स्रोतों के अतिरिक्त, यह पुस्तक लेखक के अपने शोध पर भी आधारित है और पुस्तकालय में उपलब्ध संबंधित पुस्तकों का उल्लेख करती है। विभिन्न स्रोतों का संयोजन करते हुए, यह पुस्तक विषय वस्तु पर एक व्यापक और अच्छी तरह से अनुसंधान किया गया खाता प्रदान करती है। लेखक ने यह सुनिश्चित करने का प्रयास किया है कि प्रस्तुत सभी जानकारी सटीक है और मूल स्रोतों को उचित श्रेय दिया गया है।

हालांकि इस पुस्तक में प्रस्तुत जानकारी की सटीकता और संपूर्णता सुनिश्चित करने के लिए हर संभव प्रयास किया गया है, मानवीय त्रुटियां फिर भी हो सकती हैं। यदि किसी पाठक को इस पुस्तक में कोई त्रुटि या चूक मिलती है, तो मैं उनका स्वागत करता हूँ और उनसे इसे मेरे ध्यान में लाने का अनुरोध करता हूँ। ऐसी प्रतिक्रिया मेरे लिए मूल्यवान है, और मैं किसी भी त्रुटियों को सुधारने और भविष्य के संस्करणों में इस पुस्तक की सामग्री में सुधार करने के लिए सभी आवश्यक कदम उठाऊंगा। आपकी समझ और समर्थन के लिए धन्यवाद।

संपर्क सूत्र

संतोष कुमार सिंह
9415358375
santoshsinghhindiag20@gmail.com

|| लोकाः समस्ताः सुखिनो भवन्तु ||